한 우물에서 한눈팔기

일러두기 +

- 이 책은 기술인문융합창작소가 주최한 강연 콘서트 '창의융합 콘서트'를 단행본으로 재구성한 것입니다.

- 강연 특유의 현장감을 전하고자 구어체를 살렸으며 일부 단어는 표준어 규정을 따르지 않고 그대로 표기했습니다.

- 책으로 구성하면서 일부 내용을 추가 및 삭제했고 몇 개의 장은 실제 강연과 다른 순서로 배치했습니다.

- 이 책은 오프닝 콘서트, 강연, 토크쇼가 융합된 신개념 멀티콘서트를 재구성한 것으로, 중간에 삽입된 QR 코드를 스캔하면 해당 영상을 감상하실 수 있습니다.

- 이 책에 사용한 이미지(사진) 중 일부는 저작권자를 찾지 못해 출처만 밝혀 게재했습니다. 저작권자가 확인되는 대로 허락을 받고 정당한 사용료를 지불하겠습니다.

서 로 다 른 생 각 들 의 향 연, 창 의 융 합 콘 서 트

한 우 물 에 서
한 눈 팔 기

강신주 · 김진혁 · 윤경로 · 여운승 · 밥 장 · 강유정 · 박태현

주영하 · 한재권 · 송길영 · 정지훈 · 이용훈 · 김흥탁

대한민국 대표 인문학자와 기술과학자의 짜릿한 만남

베가북스
VegaBooks

The
Creative Convergence
Concert

추천사

창의성이 크고 화려하게 피어나려면

최재천
국립생태원 원장/이화여대 에코과학부 교수

지난 10여 년 동안 기회가 있을 때마다 줄기차게 통섭을 부르짖었더니 드디어 최근 삼성전자가 흥미로운 시도를 하더군요. 창의적인 소프트웨어 프로그래머가 필요한데, 예전과 달리 인문학 전공자들을 수백 명 뽑아 컴퓨터 기술을 가르친 겁니다. 그랬더니 컴퓨터 공학을 전공한 사람들에게서 인문학적 상상력을 기대하는 것보다 훨씬 더 실질적인 효과가 나타나더라는 겁니다. 바야흐로 창조경제의 시대에 우리에게 요구되는 가장 큰 덕목은 뭐니뭐니해도 창의성입니다. 창의성은 한 울타리 안에서 지지고 볶을 때보다 담을 넘나들 때 훨씬 크고 화려하게 피어납니다. 원래 담을 넘어온 이웃집 덩굴장미가 더 붉은 법입니다.

기술인문융합창작소는 작심하고 담을 넘나드는 사람들이 모이는 곳입니다. 원래 기술과 예술은 하나였답니다. 그뿐인가요? 원래 인문과 과학도 하나였습니다. 그러던 것이 기술이 자꾸 과학을 유혹하여 자기 쪽으로 끌고 가는 바람에 과학이 인문으로부터 멀어진 겁니다. 그러더니 아예 언제부터인가 과학은 기술의

추천사

형용사로 전락하고 말았습니다. 자꾸 과학기술이라고 하잖아요.

　　인문이 묻고 기술이 답을 하려면 인문과 기술이 서로 통해야 합니다. 철학자 강신주는 이 책에서 통섭, 즉 '종합적인 앎'에 앞서 '종합적인 사랑'이 있어야 한다고 강조합니다. 창의융합 콘서트를 통해 여러분의 사랑이 더욱 깊어지길 기대합니다.

인문과 기술의 경계에서 싹트는 생각

박용후
관점 디자이너

    스티브 잡스가 세계적인 기업 애플을 키워낸 이면에는 '인문학'이 자리 잡고 있었다는 사실은 잘 알려진 이야기입니다. 기술과 인문학의 교차점에서 물건을 만들어 낸 애플과 인간을 이해하지 못한 채 기술만으로 승부를 보려던 기업들의 차이점은 극명했습니다. 2006년 9월 한국을 방문한 톰 피터스는 "이제 벤치마킹의 시대는 끝났다. 이제 퓨처마킹의 시대가 왔다"는 말로 퓨처마킹Future Marking의 중요성을 역설했습니다. 지금은 당연하지 않지만 미래에 당연해질 것을 만드는 일을 소홀히 하면 어느덧 시나브로 다가온 미래에 승자의 자리에 우리는 없을 것입니다. 미래 또한 인간이 주인이기에 인간에 대한 근본적인 이해와 통찰이 없으면 무엇이 당연해질지 상상하는 일은 요원할 것입니다. 기술과 인문의 융합과 그에 대한 통찰이 이 책에는 가득합니다. 인문과 기술의 경계에서 많은 고민을 한 이들의 깊은 생각이 씨앗이 되어 다른 생각의 싹을 틔워내기를 진심으로 바랍니다.

창조경제를
말하기 전에

박현모
여주대학교 세종리더십연구소 소장

　이 책을 단숨에 읽은 느낌이다. 필자들의 직업으로만 보면 이 책은 하나로 엮일 수 없다. 거리의 철학자, 방송국 PD, 기업의 임원, 일러스트레이터, 영화평론가, 민속학 교수, 로봇박사 등 그 야말로 다종다양한 전공자들이 각기 다른 이야기보따리를 풀어 놓고 있다. 그런데 놀랍게도 이 분들이 공통된 화두를 던지고 있다. 바로 '창조란 어떻게 가능한가?'이다. 따뜻한 마음으로 귀 기울이기, 절박함, 토론문화, 크로스오버, 더불어서 즐기기, 유연한 사고에서 창조적 성과가 나온다는 얘기다. 사실 이런 화두는 이미 600여 년 전에 세종대왕이 던졌던 것이고, 또 실현했던 성과다. 이 책을 읽는 내내 세종실록 속 창조 이야기가 연상된 것은 결코 우연이 아니었다. 인재들의 다른 개성을 존중하되, 백성들의 생활수준을 끌어올리려는 목표에 일관되게 집중된 임금의 마음. 그것이 그 시대를 '위대한 창조의 시대'로 만들었다. '창조경제'를 진정 대한민국을 확 끌어올리는 도약대로 만들기 위해서, 대통령을 비롯해 모든 공직자들이 반드시 읽어야 할 책이다.

다양한 분야의 지식인들과
함께하는 생각파티

최동원
LG디스플레이 전무

　　스티브 잡스와 아이폰. 아직도 세상은 창의력과 인문학에 대한 토론으로 뜨겁습니다. 많은 지식인 사이에서 인문과 기술의 융합을 통한 창의의 발현은 혁신과 성공의 비결로 이야기되고 있습니다. 창의력과 통찰력은 우리 주위의 모든 사물을 보다 편하게 만드는 생각, 즉 불편한 것을 편하게 만드는 생각에서부터 시작됩니다. 그것은 개개인의 전문분야에만 국한된 지식으로는 불가능한 생각입니다.

　　통찰력과 창의력이 글과 말로만 회자되고 있는 이때에, 창의융합 콘서트와 같이 다양한 분야의 지식인들이 생각을 나누고 경험을 전달해준다는 점에서 이 책의 가치가 있습니다. 이 책을 통해, 우리의 생각이 확장되고 그로 인해 통찰력과 창의력이 발휘될 수 있기를 바랍니다. 그래서 통찰력, 창의력, 감성, 차별화로 대표되는 애플을 능가하는 기업들이 우리나라에서 탄생하길 기대합니다.

좁은 전공분야에서 뛰어 나와 마땅히 느낄 것을 느끼라

장동인
미래읽기 대표

지금은 융합의 시대이다.

과학과 예술, ICT, 인문학 등이 서로 어우러지는 시대이다. 어쩌면, 지금까지 지나치게 사회의 모든 곳이 전문화되고 있는 현상에 대한 되새김 속에 나오는 것이 융합이라는 현상이다. 그러나 서로 다른 것이 합해질 때, 항상 불편함이 존재한다. 불편함은 결국 인간과 세계를 보는 보편적이며 상식적인 눈이 사라졌기 때문에 생긴다.

이 책은 융합의 시대에 조금이라도 융합의 불편함을 덜고, 새로운 것으로 승화시키려는 작업이다. 특히, 강연 현장 속의 생동감과 MC를 두고 질의 응답하는 과정 속에서 이 불편함을 이해하고 해소하려는 노력이 담겨있다. 이 책을 읽어가다 보면, 내 전공분야가 아닌 분야에 대해서 오히려 불편함이 편안함으로 바뀌는 것을 느낄 수 있다. 이 책을 통해 세계를 보는 보편적이며 상식적인 눈을 회복할 수 있을 것이다.

좁은 전공분야에서 뛰어 나와 사람으로서 마땅히 느낄 것을

느끼는 것이 융합이라고 할 수 있고, 그것을 좀 더 치열하게 추구
하는 것이 진정 '멋스러운 전문가'라는 것을 이 책은 이야기하고
있다. 나도 그런 '멋스러운 전문가'가 되고 싶다.

CONTENTS

The
Creative Convergence
Concert

콘서트에
앞서…

atelier t*h
기술인문융합창작소

기술, 인문과 통하다
창의융합 콘서트

정재훈
한국산업기술원 원장

세상은 너무도 빨리 변하고 있습니다.
이제는 무언가 새로운 가치가 없으면 인정받기 어렵습니다.
그럼 새로운 가치는 어떻게 만들어질까요?

기술에 문화를, 예술을, 사람의 마음을 입혀야 합니다. 그러기 위해 기술자, 엔지니어, 공학자들도 사람과 삶에 대해 생각해야 합니다.

기술인문융합창작소가 기술과 인문학간 소통의 장인 창의융합 콘서트를 시작한 것은 바로 이런 이유에서입니다. 창의융합 콘서트는 다양한 배경의 사람들이 서로의 지식과 경험을 나누며 교감하는 자리입니다. 서로 다른 생각을 가진 사람들이지만 예술적 감성을 일깨우는 공연을 보며 마음의 벽을 허물고, 신선한 시각을 선사하는 강연과 토론에 참여하면서 새로운 가치를 발견하게 됩니다.

콘서트에 앞서

창의융합 콘서트는 우리나라를 대표하는 지식인들이 분야를 뛰어넘어 자유롭게 대담을 나누는 독특한 설정과 소통하는 현장 분위기에 힘입어 날로 성장하고 있습니다. 2012년 8월 처음 개최된 이래로 지금까지 1,300여명이 현장에 참석했으며, 10만 명 이상이 온라인으로 시청했습니다. 최근에는 기술인문융합창작소가 자리한 대학로를 벗어나 다양한 유관기관들과 손잡고 산업현장이 있는 지역에서 '찾아가는 콘서트'도 개최하고 있습니다.

기술인문융합창작소는 이번에 한 단계 더 나아가 보다 많은 분들께 융합과 소통의 즐거움을 널리 소개하기 위해 그동안의 기록을 한데 모아 책으로 엮게 되었습니다. 콘서트를 장식했던 연사들의 강연 주제와 내용은 매우 다양합니다만, 그들이 하나같이 강조했던 것은 다름 아닌 인간에 대한 관심과 사랑이라는 점은 놀랍고도 신기합니다. 창작소라는 공간을 넘어 책으로 발간되는 창의융합 콘서트를 통해 독자 여러분도 전국 어디서나 쉽게 기술과 인문의 소통에 동참하시고 새로운 인사이트를 얻으실 수 있으리라 기대합니다.

감사합니다.

CHAPTER.

창조의
원천,

호모
컨버전스

융합이 유행처럼 번진다고요?
오해하지 마세요.
인간을 이해하려는 노력이
다시 재조명 받고 있는 것뿐입니다.

통섭이고 융합이고
다 헛소리?!

강신주

최근 융합과 통섭이 화두가 되고 있는데, 제가 생각하기에는 다 헛소리입니다. 우리가 잘 살지 못해서 통섭이란 이야기가 나오고, 융합의 필요성이 강조되는 겁니다. 생각해보세요. 박사학위를 받은 사람도 제대로 된 인생을 못 사는 경우가 많아요. 교수로 있건 기업의 임원으로 있건 사회에서는 존경받겠지만, 집에 가면 아이랑 이야기 한 마디 못 하잖아요. 그러니까 우리가 기형적으로 자라게 만드는 구조 속에 살고, 공부를 했다는 게 문제죠. 그래서 지금에 와 돌아보면, 통섭에 대한 요구가 황당한 거죠. 모든 것에 전문가가 되라는 건 아니지만 다 조금씩 할 수 있어야 한다는 거잖아요.

당신이 가지고 있는 천은 몇 개?

자본주의가 발달하면서 분업화가 이루어졌습니다. 그 분업화의 한 모델이 대학이에요. 물리학, 법학, 경제학… 효율을 강조해서 분과가 나온 겁니다. 한 번 생각해보세요. 수학만 계속 공부하면 수학 잘하겠죠? 그런데 다른 부분은? 만약 저라면 법과 관련된 문제가 있을 때 법학 박사에게 질문을 하겠지만, 음악 앨범을 고를 때에는 그 박사님께 부탁을 안 할 겁니다. 왜요? 제가 그 분보다 낫거든요.

한 인간을 이해하려면 대학의 모든 학과가 모여야 합니다. 우리는 음악도 듣고, 고소도 당하고, 집이 쫄딱 망하기도 하고, 소설도 보고, 경제 활동도 하고, 아이도 길러야 하거든요. 통섭이 사실 별 게 아니에요. 우리의 체제나 조직이 '효율화'를 이유로 지나치게 분업화되어, 사람들을 기형적으로 성장시키는 구조가 되어버린 겁니다. 우리는 거기에 길들여져 살아온 것이고. 근데 이제 와서 통섭의 요구를 돈 버는 이야기로 돌리시면 안돼요.

부인과 대화가 가능하신가요? 아버지, 직원, 후배들과 대화가 가능하세요? 자녀와 자녀의 관심사를 나누는 거? 불가능하죠. 제가 무슨 이야기를 하는지 이해하실 겁니다. 그러니까 우리는 스스로 기형적이라는 것을 자각해야 되요. 내가 사회에서 시키는 대로 내 전문분야 하나만 하다 보니, 그것만 아는 거예요. 도시에는 노숙자가 있지만, 시골에는 노숙자가 없습니다. 왜 그럴까요? 도시 사람들은 자신이 대학에서 전공한 그 분야에 관한 지식으로 가득 차 있습니다. 특히 자연계 같은 경우 심각하죠. 대학에서 배울 때는 그 학문 또는 기술이 신개념, 최첨단이었는데 더이상 기업에서 불필요하게 되면 해고를 당하는 겁니다. 근데, 그것만 할 줄 아는 사람이 어딜 가서 뭘 하겠어요? 시골에서는 왜 노숙자가 안 생길까요? 무엇이든 웬만큼은 다 알죠. 약초, 먹는 풀, 안 먹는 풀, 농사…. 논두렁에 노숙자 누워있는 거 보셨어요?

　　제가 하고픈 이야기는, 우리가 부품화되어 있다는 걸 자각해야 한다는 겁니다. 지금은 여러분이 떠받들어지는 부품일 수 있어요. 내가 가진 정보, 내가 가진 안목, 내가 가진 지식들이 사회에서 소비되니까. 그런데, 그게 불필요해지면 뭘 하실 건가요? 심각한 문제죠? 지금은 여러분이 돈을 벌어 주니까 여러분의 자녀가 좋아하지만, 그 능력이 딱 떨어지는 순간 아이들이 어떻게 할 것 같아요? 이게 심각한 문제라니까요. 자신의 직위가 뭐든 스스로가 기형적이라는 사실을 알아야 해요. 은퇴를 한 다음에 더 큰 세계가 열려야죠. 은퇴라는 것이 내가 아는 많은 것들 중에 하나만 붕괴되는 것이어야 하잖아요. 그러니까 통섭에 대한 요구를 내 일에 도움이 되는 것, 내 일의 효율을 높이는 것으로 착각하시면 안돼요. '포괄적인 시각을 갖겠다'는 생각으로 새로운 뭔가를 창출할 수도 있겠지만, 그보다 근본적으로 통섭이 필요한 이유는 '여러분의 삶'이거든요.

여러분은
몇 가지 천을 가지고
계세요?

예를 들어, 베토벤을 좋아하는 자녀가 있어요. 근데 이 아이가 항상 같은 소나타를 들어요. 근데 나는 소나타 1~32번까지 구분이 안돼요. 그래서 이 아이가 지금 어떤 감정인지를 알 수가 없는 거예요. 그럼 어떻게 하실 건가요? 책이라도 찾아 읽어야죠. 그래서 책을 찾아보니 아이가 계속 듣는 음악이 소나타 3번인 거예요. 그럼 소나타 3번이 언제, 어떤 감정으로 만들어진 음악인지를 더 공부하게 되겠죠. 그렇게 되면, 아이에게 다가가 말을 걸 수 있는 겁니다.

"너 요즘 힘드니? 괜찮아?"

시간이 지나서 우리는 분명히 은퇴를 할 거고, 그랬을 때 먹고 사는 지식, 기술, 직업이 제거되더라도 더욱 많은 할 거리가 있어야 해요. 그런데 우리 사회는 그렇게 사람들을 교육시키지 않았잖아요. 전공을 강조하고 전문가를 양성하려고 하죠. 처음에 했던 이야기를 항상 머릿속에 넣어두셔야 해요. '한 인간을 설명하려면 대학의 모든 과가 다 모여야 한다.' 과학과 인문학? 그 정도가 아니에요.

여러분이 여러 분야의 책들을 많이 읽는다면 여러분의 아이, 여러분의 아내와 보내는 시간이 즐거워질 확률이 100%입니다. 한 분야의 전문가인 지금은 내가 잘 아는 것만 배우고, 늘 그것에 대해 연구하기 때문에 집에 가면 할 이야기가 없죠. 그래서 집보다 직장이나 연구원에 있을 때가 제일 편한 상황이 옵니다. 그래서 워커홀릭이 되는 겁니다. 누군가가 일에 집중했을 때를 보면 대개는 손에 뭔가를 잡고 있을 때, 다른 것을 내밀면 동시에 잡지

사랑의 바로미터barometer는요.

아침에 눈 떠서 "얘야 사랑해"라는 말 한 마디를

건네는 것이 아니에요.

내가 상대방을 알기 위해 얼마나 노력했느냐가 바로미터거든요.

를 못합니다. 손에 있는 것을 놓치고 다른 것을 잡거나, 손에 있는 것을 놓지 못하죠. 그러니까 일에 몰입하면 가족을 버리게 되는 거예요. 진짜 통섭형 인간은 어떤 사람인지 아세요? 잡았다 놓았다 잡았다 놓았다를 반복하는 사람입니다. 통섭은 다 잡는 게 아니에요. 가방에 수많은 서류를 갖고 있다가 여기서는 이런 서류를, 저기서는 또 다른 서류를 꺼내는 겁니다. 버무리는 게 아니라는 거예요.

보석 감정사가 보석을 감정할 때요, 천을 하나만 깔아놓고 보석을 살펴보지 않습니다. 하나의 보석을 자세히 보기 위해 배경이 되는 천을 여러 가지 바꿔 깔아봐요. 어떤 천을 까느냐에 따라 보석이 더 빛나기도 하고, 흠이 더 잘 보이기도 하거든요. 여러분은 몇 가지 천을 가지고 계세요?

사랑을 하면 알게 된다

통섭이라는 것이 유행처럼 번진다고 착각하지 마세요. 인간을 이해하려는 움직임입니다. 베토벤을 왜 배워야 해요? 내 아이가 좋아하니까. 아이를 사랑하면 베토벤을 배워야 하는 거예요. 누구를 사랑하지 않고 사랑하는 법도 모르니까 그 사람이 좋아하는 분야를 이해하려고도 하지 않는 겁니다.

철학 개론 시간에 배우셨죠. 철학이란 단어는 필로스philos와 소피아sophia로 이루어졌다. 소피아는 지혜고 필로스는 사랑이니까 지혜에 대한 사랑이다. 이렇게 정의를 하죠. 근데 40대 중반 넘어가면서 깨달은 것은, 필로스하면 소피아한다 쪽이 맞다는 겁니

　　　　　　　　　　　　창조의 원천, 호모 컨버전스

다. 즉, 사랑을 하면 알게 된다는 거예요.

통섭형 인간, 융합형 인간이 되려면 여러 사람을 이해하고 싶은 마음이 있어야 합니다. 어떤 사람을 제대로 알고 싶고, 제대로 사랑하고 싶으면 그 사람의 관심사에 대해 공부하게 되지요. 스스로를 한 번 돌아보세요. 아이를 진정으로 사랑하지 않았고, 아버지로서 돈만 벌어주고 질서만 잡아주었다는 것을 인정하세요. 사랑의 바로미터barometer는요, 아침에 눈 떠서 "얘야 사랑해"라는 말 한 마디를 건네는 것이 아니에요. 내가 상대방을 알기 위해 얼마나 노력했느냐가 바로미터거든요.

'친구'라는 한자는 오래 묵은 애라는 뜻이에요. 정들어서 친한 거죠. 근데 지기는 알 '지知'자에 자기 '기己'자예요. 나를 알아주는 사람. 여러분의 가족이 여러분을 알아주나요? 다 고민해보셔야 돼요. 그래서 이렇게 돌아보자고요. 통섭을 정의하면 '종합적인 앎' 같은 거잖아요. 그러면 거꾸로 그 앞에는 뭐가 있었을까? 종합적인 사랑이요. 사랑의 폭이 커야 되요. 통섭이 부족하고 제반 학문을 모르는 이유는 그런 것들에 대한 사랑이 없기 때문입니다. 그런데 통섭의 붐 때문에 직장의 상사들은 자꾸 통합하라고 하니까 힘든 거죠. 옛날과 똑같은 겁니다. 옛날에 수학이 그다지 좋지 않았는데, 선생님과 부모님이 강요해서 울며 겨자 먹기로 수학문제를 열심히 풀어서 대학 갔던 거랑 비슷한 거예요.

두 종류의 사람을 예로 들어보겠습니다. A라는 사람이 있어요. A는 어린 시절 아버지와 등산을 하러 갔다가 밤하늘을 아름답게 수놓은 은하수를 보게 됩니다. 그것에 큰 감동을 받아 천문학을 공부하기 시작했어요. A는 별을 공부하는 게 너무 좋죠. 결국, 미국에서 박사학위를 받았어요. 그리고 한국 대학의 교수가 되어 강단에 선 겁니다. 첫 마디가 뭘까요? 아마 이렇게 이야기할 겁니다.

"얘들아, 별을 본 적이 있니?"

두 번째, B라는 사람이 있습니다. 사회 트렌드가 변해서 이제 대세는 천문학이다(물론 우리나라에서는 실현 가능성이 매우 희박한 이야기지만)라는 분위기가 팽배해진 겁니다. 그래서 어머니의 득달에 못 이겨 죽자사자 공부를 해서 서울대 천문학과에 들어갑니다. 그리고 열심히 공부해서 A와 똑같은 미국 대학에서 박사학위를 받았습니다. 그리고 A처럼 한국 대학의 교수로 강단에 섰을 때, B가 내뱉는 첫 마디는 뭘까요? 아마도 이렇게 이야기할 겁니다.

"1페이지 펴."

A와 B 중 누가 새로운 별을 발견할까요? A죠. A는 별을 좋아하니까 지금까지 배웠던 것에서 멈추지 않고 계속 별을 관찰하고 연구할 겁니다. 그러다가 결국 새로운 별을 발견하고, 자신의 이

창의? 통섭? 인문학?
모두 사랑입니다.
안다고 해서 내 삶이 변하는 게 아니에요.
그런데 사랑하면 알게 되고,
사랑하면 내 삶이 변해요.
그게 바로 통섭의 출발점입니다.

름을 붙이게 될 겁니다. 그럼 B는? B는 A가 발견한 별과 연구 내용을 인용해서 논문을 쓰겠죠. 창의? 통섭? 인문학? 모두 사랑입니다. 그게 사람이든, 사건이든, 사물이든, 학문이든 간에. 안다고 해서 사랑하는 것이 아니고 안다고 해서 내 삶이 변하는 게 아니에요. 그런데 사랑하면 알게 되고, 사랑하면 내 삶이 변해요. 그게 바로 통섭의 출발점입니다. 통섭은 뷔페식당이 아닙니다. 토익점수, 학점, 어학연수처럼 스펙을 쌓는 개념이 아니라는 겁니다.

돌아보면 우리 탓은 아닌지도 몰라요. 사회구조와 대학이 우리를 그렇게 만들었죠. 우리는 어느 한 가지를 선택해야했어요. 그리고 다른 것을 보면 한 눈 판다는 이야기 들었던 시절에 살았잖아요. 통섭은 한 눈 파는 겁니다. 번지점프 해보셨어요? 번지점프대에 딱 서면 느낌이 어때요? 오만가지 생각이 엄습하면서 순간 철학자가 되죠. '이것을 뛴다고 해서 무슨 의미가 있는가.' '줄이 있기 때문에 어차피 죽지도 않는다. 죽지도 않는 데 그럼 뭣하러 뛰어내리지?' 그런데 여러분이 번지점프에서 지금 안 뛰어내려도 45~50세 되면 다른 사람이 밀어서 떨어뜨려요. 선택의 여지가 없죠. 지금까지 번지점프 위에서만 왔다갔다하는 삶을 살았다면, 한 번만 뛰어내려보세요. 한 눈 파는 건 그런 거예요. 거기서부터 융합형 인재, 통섭형 인재가 시작되는 겁니다.

강신주 철학자 · 출판기획사 문사철 기획위원
저서 〈감정수업〉, 〈매달린 절벽에서 손을 뗄 수 있는가?〉, 〈철학이 필요한 시간〉 등

지식채널e는
아무런 제한도 두지 않고
작가가 하고 싶은 걸
찾아오게 합니다.
작가들이 그들의
처음 아이디어,
다른 말로 창의력에 대해
어떠한 제한도 받지 않고
첫 출발을 하는 겁니다.

신개념 다큐
지식채널e의 탄생

김진혁

절박함이 융합을 만든다

우선 본격적인 강의에 앞서서 영상을 한 편 보여드리겠습니다. 오늘 제가 말씀드리고자 하는 내용의 출발점이자 결론인 영상입니다. 이 영상을 보고 이야기를 나누도록 하겠습니다.

우주의 시간 150억 년을
1년으로 축소할 때
인류가 역사를 만들어간 시간은… 1초
ⓒyoutube-지식채널e, Knowledge of the channel e,1초

2005년 가을 편성 때 '지식채널e'가 처음 시작됐고, 2개월 정도의 준비기간을 거쳐서 처음으로 방송되었던 4분여의 영상이 바로 저 '1초'라는 영상입니다. 오늘 제가 창의와 융합이라는 중요

창조의 원천, 호모 컨버전스

한 키워드를 가지고 강연자로 이 자리에 섰지만, 사실 지식채널e를 만들 당시에는 '이렇게 하는 것이 창의적이다' 또는 '이것이 융합이다'라는 정확한 개념을 가지고 있지 않았습니다. 좋은 영상을 만들겠다는 생각으로 여러 노력과 시도를 한 것이, 시간이 지나 창의와 융합이 발휘된 작품이라고 평가받고 있는 것 같습니다. 그러고 보면 제 경험상 창의와 융합이라는 것을 현실에서 발휘시키고 적용시키는 가장 큰 에너지는 절박함이 아니었나 싶습니다. 기존의 방법으로는 절대 안될 것 같다는 벽에 부딪쳤을 때, 새로운 것을 할 수 밖에 없는 위치가 되었을 때 갖게 되는 절박함이 저에게 에너지를 불어넣어주지 않았나 생각합니다.

그 절박함이 저만의 것은 아니었습니다. 제가 몸담고 있는 EBS는 2000년대 초반부터 '플러스1'이라는 위성채널로 수능강의를 모두 옮기고 교양프로그램과 다큐멘터리를 방송하기 시작했습니다. 그런데 워낙 오랫동안 칠판이 나오는 수능방송에 시달리던 시청자들이 많았기 때문에 세대 간 격차가 있음에도 불구하고 EBS에 대한 트라우마 같은 것이 시청자들의 마음을 지배하고 있었습니다. 일단 EBS라고 하면 채널을 재빨리 돌려버리는 거죠. 일단 보고 나서 재미가 없어서 안 본다고 하면 덜 억울할 텐데, 처음부터 보지도 않는 겁니다. 이유는 단 하나였습니다. '칠판이 나올 거야, 뻔해.'

그래서 2000년도 초반부터 채널 이미지 재고를 위해 여러 시도를 했던 것 중에 하나가 프로그램과 프로그램 사이의 시간에 뭔가를 해보자는 것이었습니다. 시청자들이 아무리 빨리 채널을 돌린다고 해도 광고 방송을 하는 몇 분, 그 잠시만큼은 시청자들의 눈이 멈추지 않을까 하는 생각이었죠. 시청자들의 눈길을 확실하게 사로잡을 뭔가를 만들기 위해 시작한 것이 바로 지식채널e입니다. 제가 그 첫 기획을 맡게 됐어요.

두 번의 변혁과 융합, 신개념 다큐 '지식채널e'

일단 좀 솔직해지고 싶었습니다. 제가 EBS 직원이고, 제가 연출한 방송들이 자랑스럽긴 했지만 솔직히 재미가 없었습니다. 그런데 의미는 과잉이었어요. 사람들은 EBS 방송에 대해 물어보면 "좋은 방송이죠."라고 대답은 하지만, 보지는 않는 겁니다. "좋은 걸 하는 것 같은데 무슨 소린지 잘 모르겠다." 난감한 상황인 거죠. 때문에 재미있고 그 재미가 사람들에게 어필될 수 있는 무언가를 만들어야 했습니다. 근데 문제가 하나 있었습니다. 우리가 흔히 재미있다고 생각하는 것은 예능, 오락, 드라마와 같은 장르죠. 그런데 재미를 위해서 EBS에서 코미디 프로그램을 한다거나 예능 프로그램을 할 순 없잖아요. 더군다나 프로그램의 사이, 그 짧은 시간에. 그러면 기존에 있던 의미 부분은 그대로 유지하면서 전달하는 방법에 기존과는 다른 재미를 부여해야 하는 것이죠. 어떻게 보면 상호 모순된 요구사항입니다. 일반적으로는 내용과 형식이 함께 가는 법이니까요. 그런데 EBS의 채널 이미지를 재고하려면 이 모순된 상황을 극복해야 하는 겁니다. 그 과제가 제 앞에 떨어진 거죠.

창조의 원천, 호모 컨버전스

"칠판이 나올꺼야,
뻔해~"

일단 좀 솔직해지고 싶었습니다.
제가 EBS 직원이고,
제가 연출한 방송들이 자랑스럽긴 했지만
솔직히 재미가 없었습니다.
그런데 의미는 과잉이었어요.

그런데 다행히도 원래 저는 영화에 관심이 많았습니다. 제가 다큐를 만들 거라곤 꿈에도 생각지 못했죠. 그런데 여러 방송사의 시험을 다 쳐봐도 EBS에서만 저를 뽑아주었습니다. 그래서 학교 드라마, 청소년 드라마를 만들자는 생각으로 일을 시작했는데, 저의 조연출 기간이 끝날 쯤에 EBS에 드라마가 다 없어졌어요. 어찌할 바를 모르는 상황에서 이런 과제를 받은 겁니다. 그러니까 어떻게 보면 저는 의미보다는 재미 쪽에 관심이 많던 사람이었죠. 제가 재미라고 생각하고 관심을 가졌던 많은 영상, 주로 광고나 영화 예고편 그리고 뮤직비디오 같은 것들은 내용을 떠나서 형식 자체가 사람들의 시선을 끌고 채널을 유지시키는 힘을 갖고 있었습니다. '옳거니. 그럼 의미는 그대로 두고 형식을 바꿔보자'라는 생각으로 저 나름대로 이런 저런 것들을 섞어서 만들어낸 것이 지식채널e 방송입니다. 저의 설명을 듣고 앞서 보여드린 영상을 다시 보시면 음악이 왜 저런 식으로 들어갔는지, 편집 방식에 있어서 왜 저런 특수 효과를 많이 썼는지 이해가 조금 가실 겁니다.

근데 또 한 가지의 한계가 있었습니다. '지식'에 대한 일반적인 관념입니다. 지식은 완전무결하고 그것을 습득해야 하는 우리는 불완전하죠. 그러니까 지식이 주연이고, 우리는 조연인 겁니다. 그것이 가장 잘 반영된 교육법이 주입식 교육이죠. 주입식 교육이 잘못된 것은 아니지만, 오로지 주입식 교육만 있는 것이 우리 사회의 문제인 거죠. 저는 어렸을 때부터 항상 궁금했어요. 그럼 완전무결한 지식을 각 개인들에게 줬을 때, 다 똑같은 생각을 해야 하는 것일까? 어쨌든 현실적으로 아무리 완전무결한 지식이라도 그것을 받아들인 사람들이 다 나름대로의 의미를 찾고 생각이라

지식은 완전무결하고 그것을 습득해야 하는 우리는 불완전하죠.

그것이 가장 잘 반영된 교육법이 주입식 교육입니다.

저는 어렸을 때부터 항상 궁금했어요.

그럼 완전무결한 지식을 개인들에게 줬을 때,

다 똑같은 생각을 해야 하는 것일까?

는 것을 하잖아요. 이해도의 높고 낮음의 문제가 아니라는 겁니다. 그래서 저는 완전무결하고 가치 있는 지식을 잘 흡수하는 것도 중요하지만 현실적으로 봤을 때, 그 지식을 통해서 개인이 어떤 생각을 하는지도 대단히 중요한 지식의 또 다른 부분이라고 생각했습니다. 아마도 주입식 교육에 대한 감성적인 반발도 컸으리라고 생각해요. 그래서 저는 이렇게 생각해보았습니다. '어차피 대부분의 지식이 Top-Down 방식으로 전달되고 있으니 굳이 나까지 그럴 필요가 있을까? 겨우 5분밖에 되지 않는 이 시간은 지식이 주인공이 아니라 그 지식을 받아들여서 생각하는 사람이 주인공이어도 나쁘지 않겠다.' 그래서 슬로건을 '생각하는 힘'이라고 결정하게 됩니다. 지식이 주인공이 아니라, 지식을 가지고 어떤 생각을 하느냐가 더 중요하다고 주장하는 프로그램인 거죠. 그러니까 형식적인 면과 가치적인 면에서 두 번의 변형을 이뤄서 섞어낸 것이 지식채널e이라고 할 수 있습니다. 이것이 첫 번째, 지식채널e의 탄생과정에서 말씀드릴 수 있는 창의와 융합이라고 할 수 있습니다.

1,000회를 이끌어가는 힘, 창의력

자, 이제 조금 더 구체적인 이야기를 나눠보겠습니다. 처음에 본 영상의 맨 마지막 문장 기억나세요?

'우주의 시간 150억 년을 1년으로 축소할 때 인류가 역사를 만들어간 시간은 1초'라는 문장입니다. 그 한 줄이 없었다면 저희의 슬로건이 '생각하는 힘'이라는 것을 자신 있게 말하기 어려웠을 겁니다. 일방적으로 '이거야'라고 단정 지어서도 안 되지만 그렇다고 '알아서 생각해'라고 아무것도 제시하지 않아서는 안 되는 거예요. 적당히 영감을 주고 화두를 던지되, 결론은 보는 사람이 나름대로 내릴 수 있는 최대한의 여지를 남겨두는 지식, 그것을 전달하는 표현방식과 문장이 필요하잖아요. 당시 처음 같이 일했던 작가님께서 그 문장을 찾아주셨어요. 그 덕에 저 1초란 편이 하나의 완성도를 가지고 방송될 수 있었습니다.

그러면 이러한 창의적인 문장이 한 편, 두 편 또는 열 편 정도는 나올 수 있지만 10년 동안 꾸준히 나올 수 있겠는가 하는 것이 두 번째 고민이었습니다. 이것을 어떻게 극복했는지, 먼저 카테고리에 대한 이야기를 해보겠습니다. 지식채널e 영상을 보면 시작할 때 Science, Society, Nature 등 철자 e를 포함한 영단어로 시작하고 있잖아요? 그건 '이것이 이번 주의 이야기입니다.'라고 밝히는 카테고리라고 할 수 있는데, 많은 분들이 이런 카테고리를 어떻게 만들었는지 묻습니다. 근데 사실은 그런 카테고리는 없었습니다. 아예 안 만들고 시작했습니다. 무슨 이야기냐면 '1초'

도저히 나올 수 없는
기상천외한 아이디어,
다양한 관점, 다양한 시각들…

우리 각자가 천재라서가 아니라
두 사람의 창의력이 만나고 융합되면서
시너지 효과가 났던 것이죠.

라는 영상이 Science라면 영상을 만들면서 Science라는 카테고리를 만드는 겁니다. 편수가 늘면 카테고리도 늘어가는 식이었죠. 이것이 의미하는 바는 큽니다.

기존의 프로그램을 만드는 방식이 연역적이라면, 지식채널e는 그 반대입니다. 기존에는 큰 범주를 정하면 작가와 스텝들이 그 안에서 자료조사를 하고 무언가를 만들어냅니다. 하지만 지식채널e는 아무런 제한도 두지 않고 작가가 하고 싶은 걸 찾아오게 합니다. '비듬' '발가락' 이렇게 가져와도 아무 상관이 없는 겁니다. 물론 그것이 얼마만큼의 의미와 재미를 전달할 수 있는지 검증을 거치죠. 하지만 처음 출발은 아무런 제한도 두지 않습니다. 작가들이 그들의 처음 아이디어, 다른 말로 창의력에 대해 어떠한 제한도 받지 않고 첫 출발을 하는 겁니다. 처음에는 이런 방식이 참 어색했어요. 작가도 그렇고 저도 그렇고 '이렇게 해도 될까?'하며 불안해했죠. 재미있는 것은 그런 불안감 때문에 계속 대화를 나누게 되니까 자연스럽게 브레인스토밍이 되더라는 것입니다. 통상적으로 이쯤이면 구성이 끝나고 촬영 편집이 끝나야 되는 시기인데도 계속 떠들고 있는 거예요. 그런데 그렇게 오랜 시간 브레인스토밍을 거쳐 나온 구성안이 너무 좋은 겁니다. 도저히 나올 수 없는 기상천외한 아이디어, 다양한 관점, 다양한 시각들… '우와, 이걸 이런 식으로 볼 수도 있구나!' '우린 천재인가봐!' 같이 이야기하면서 서로 놀라요. 우리 각자가 천재라서가 아니라 두 사람의 창의력이 만나고 융합되면서 시너지 효과가 났던 것이죠.

그다음부터 개편이 될 때마다 제가 가장 열심히 노력했던 것은 제작비를 올리는 것이었습니다. 작가 수를 늘리려고요. 다른

창조의 원천, 호모 컨버전스

제작비는 모두 그대로 두고 올린 제작비의 모든 것을 작가한테 다 투자하는 거예요. 그러면 작가 입장에서는 한 주에 하나의 글을 쓰다가 2주에 한 편, 3주의 한 편 꼴로 글을 쓰게 됩니다. 거꾸로 이야기하면 피디와 작가가 처음에는 나흘밖에 브레인스토밍을 못했다면 지금은 최소 3주를 할 수 있다는 거죠. 제가 지식채널e를 나올 때쯤 작가가 여섯 명이었습니다. 그러니까 겨우 5분 분량의 방송 내용을 고민할 수 있는 시간이 작가에게 6주 정도 주어진다는 뜻입니다. 그러다보니 정말 충분한 생각과 브레인스토밍을 거치게 됩니다. 대화하는 과정에서 내용이 수없이 뒤집어져도 그것을 충분히 수용할 수 있는 여유도 생겼습니다.

그 대표적이 예가 '대한민국에서 초딩으로 산다는 것' 편일 거예요. 꽤 오래됐죠. 그런데 아직도 가장 높은 조회수와 댓글을 기록하고 있습니다. 이 영상의 출발이 된 것은 인터넷에서 떠돌던 '초딩이 밀려온다'는 동영상이었습니다. 방학이 되면 마치 메뚜기 떼처럼 초딩들이 피씨방도 쓸어버리고 가게도 쓸어버린다는 풍자적인 영상이었습니다. 왜, 우리가 좀 바보 같은 댓글을 달거나 말도 안 되는 소리를 하는 사람을 향해서 걸핏하면 "너 초딩이야?"라고 말하잖아요. 그런데 한편으로 '만약 초등학생들이 이러한

사회 풍조에 대해 법적으로 명예훼손 소송을 걸 수 있다면, 그때도 사람들이 함부로 초등학생을 풍자해서 욕할 수 있을까?'라는 생각이 들었습니다. 그래서 아무 대응도 할 수 없는 약자를 희화화시키는 풍조를 비꼬아보자는 의도로 자료를 뒤지기 시작했습니다. 그런데 자료를 뒤지다보니 초등학생들이 자살을 많이 하는 거예요. 거기서 내용이 완전히 뒤집어진 겁니다. 만약 기존의 방식처럼 이번 주 카테고리는 이렇고, 그러니까 이것에 관한 자료만 찾자고 했으면 그 내용에서 멈췄겠죠. 그런데 우리는 관련된 자료를 모두 찾고, 브레인스토밍을 합니다. 그러다 보니까 처음 아이디어와는 완벽하게 다른 결과에 도달했고, 그 결론이 궁극적으로 가장 높은 조회수를 차지하는 작품으로 만들어진 겁니다.

지식채널e를 만들면서 작가와 함께 '우리 방송이 1,000회가 되면 어떨까?'하면서 꿈같은 이야기를 나눴었는데, 참 신기하게도 얼마 전 1,000회를 넘기게 되었습니다. 이렇게 오랜 회를 거듭하면서도 매 회 새롭고 유익한 방송을 만들 수 있는 원동력은 바로 형식과 발상의 전환, 그리고 개인의 창의력이 융합되어 내는 시너지 효과에 있다고 생각합니다.

김진혁 EBS 프로듀서 · 한국예술종합학교 방송영상학과 교수
신개념 다큐멘터리 '지식채널e' 기획, PD
2007년 제34회 한국방송대상 정보공익부문
2008년 제20회 한국 PD대상 TV교양정보부문 작품상
2008년 무비위크 창조적인 엔터테이너 50인 선정
저서 〈감성지식의 탄생〉 〈지식의 권유〉 등

기존의 방식으로는
승리를 장담할 수 없습니다.
세계 시장에서
경쟁할 수 있는
글로벌 역량을 가진
인재가 필요합니다.

글로벌 경쟁력을 가진
창의융합형 인재

윤경로

    저는 글로벌기업인 듀폰에서 25년 정도 근무를 했습니다. 우리나라를 비롯한 일본, 중국, 호주, 인도, 파키스탄 등 아시아 태평양 지역의 인재 양성과 인사업무를 맡아 지난 5월 은퇴하기까지 열심히 일했습니다. 그동안 아시아 지역의 경영자를 많이 양성했고, 회사로부터 상도 많이 받았지요. 최근에는 '내가 너무 일을 잘했나'라는 심각한 고민을 하고 있습니다. 그도 그럴 것이 제가 키운 중국, 인도 경영자들이 너무 빨리 성장하는 나머지 우리나라를 앞지르고 있거든요. 일반적으로 우리가 사람의 경쟁력을 비교하기는 어렵습니다. 하지만 글로벌기업에서 일했던 저는 각 나라의 인재 전체를 볼 수 있기 때문에 비교가 가능합니다. 그런데 전 세계의 인재를 비교해보면, 우리나라 인재의 글로벌 경쟁력이 심각할 정도로 떨어지고 있습니다. 과거에 비해 해외 경험도 많고 영어도 더 잘하고 스펙도 더 좋은데, 왜 이렇게 글로벌 경쟁력이 떨어질까요? IBM이나 GE에서 저와 비슷한 일을 하는 사람들에게 물어보았는데도 똑같은 우려를 표합니다. 우리나라 인재들의 능력이 개별적으로는 더 향상되었는데, 글로벌 경쟁력은 상대적으로 떨어지고 있다는 것입니다.

미래의 기업이 찾는 인재상

이것은 만화책입니다. 미국 듀폰에는 오래 전부터 직원들이 모여서 창의력을 탐구하는 모임이 있었습니다. 직원들끼리 서로의 연구 내용을 발표하기도 하고, 좋은 연사를 불러서 강연을 듣기도 하는 모임이었습니다. 거기서 비롯된 아이디어를 축적해서 듀폰 직원들이 만든 것이 바로 이 만화책입니다. 이 책이 나온 것이 무려 1990년입니다. 듀폰에서 얼마나 오랫동안 창의력에 대해 관심을 가지고 학습해왔는지 볼 수 있지요.

듀폰은 210년 이상의 전통을 가진 기업입니다. 설립 이후, 처

음 100년 동안은 화약을 했고, 그다음 100년은 화학을 했습니다. 그러면서 나일론이나 타이벡과 같은 여러 새로운 물질을 만들어냈지요. 듀폰이 210년 이상 지속될 수 있었던 이유는 그만큼 R&D에 많은 투자를 했고, 좋은 인재가 많이 있었기 때문입니다.

그 예로 한 재미있는 이야기를 해드리겠습니다. 앞서 말씀드렸던 타이벡이라는 물질은 듀폰에서 1966년에 발명한 물질입니다. 어떤 연구원이 실험을 하다가 실수로 이상한 물질을 만들어낸 겁니다. 그러면 보통 사람은 그 물질을 쓰레기통에 버리고 계속 실험을 이어가겠죠. 하지만 이 연구원은 호기심을 가지고 그 물질을 분석하고 여러 테스트를 해본 겁니다. 그리고는 여러 사람을 모아서 이 물질을 어디에다 쓸 수 있을까 아이디어 회의를 하고 개발을 해나갑니다. 그렇게 발명된 타이벡이라는 물질은 현재 종이 대용품이나 건축물 등에 매우 유용하게 사용되고 있습니다. 남다른 호기심과 아이디어 회의를 통해 실수를 하나의 사업으로 발전시킨 사례로 볼 수 있겠지요.

미래 사회에서 경쟁력 있는 인재는 다음의 세 가지 요소를 갖춘 사람입니다. 첫째는 창의력입니다. 불확실하고 변화가 빠른, 그리고 경쟁이 심화되는 가운데 기존의 방식으로 사업을 운영한다면 승리를 장담할 수 없겠죠. 둘째는 글로벌 역량입니다. 우리 사회는 이미 글로벌화되었고 앞으로도 계속 글로벌화가 진전될 것입니다. 이제는 글로벌 환경에서 자신 있게 일하고 외국 사람들과 경쟁할 수 있는 글로벌 역량을 가진 인재가 필요합니다. 셋째는 리더십입니다. 어느 조직이나 결국 리더의 역량이 조직의 성패를 좌우합니다. 훌륭한 리더가 더욱 많이 필요하게 되지요. 그런데 재미있는 것은 우리 학교에서는 이 세 가지를 거의 가르치지 않는다는 것입니다. 미래에 대한 대비가 전혀 되지 않고 있다고 볼 수 있죠.

그렇다면 이런 세 가지 요소를 갖춘 인재를 양성하려면 어떻게 해야 할까? 영상을 하나 보여드리고 이야기를 계속 이어가겠습니다.

창의적 인재의 원천

유대인은 세계 인구의 0.2% 밖에 되지 않습니다. 미국에서는 미국 인구의 2%라고 하지요. 그런데 이런 사람들이 노벨수상자의 22% 정도를 점하고 있다고 합니다. 자기 인구 비례의 100배가 넘는 노벨상을 차지한 거죠. 그런데 재미있는 것은, 유대인의 평균 아이큐가 94밖에 되지 않는다는 점입니다. 우리나라의 평균 아이큐는 몇일까요? 세계 최고 수준인 106입니다. 우리나라 사람들의 아이큐가 훨씬 더 좋은데, 왜 우리는 세계무대에서 유대인만큼의 지위를 차지하지 못할까?

이 궁금증을 해소하기 위해 이스라엘 영재교육센터 이사장이자 전 세계 영재센터 국제네트워크 설립자인 헤츠키 아리엘리Hezki Arieli 회장에게 자문을 구했습니다. 저는 사람의 경쟁력에 대해서 정말 관심이 많거든요. 우리나라가 가진 것이 인적 자원밖에 없지 않습니까? 우리나라의 경쟁력이 지속되려면 인적 자원의 경쟁력이 계속 유지되어야 하잖아요. 제 질문에 헤츠키 아리엘리 회장은 딱 세 가지를 이야기했습니다.

첫째, '아무것도 없었다.' 유대인은 나라도 없었고, 살 땅도 없었으며 늘 박해를 당하며 살았습니다. 그래서 더 노력하고 더 창의적으로 살 수밖에 없는 환경이 조성되었던 겁니다. 고난과 박해의 역사는 우리와 닮은 부분이 많지요.

둘째, 남다른 교육열입니다. 유대인의 교육열은 전 세계가 인정하는 바이지요. 우리나라도 교육열이 뜨겁지만 우리는 학교나 사교육 등으로 점철된 교육열이고, 유대인은 가정에서부터 생활화된 교육법이 있다는 것이 가장 다른 점입니다.

셋째, 탈무드와 그것을 공부하는 방식입니다. 이것은 우리가 배워야할 점입니다. 탈무드 자체는 번역을 하거나 재편집해서 사용할 수 있습니다. 그런데 그것을 공부하는 방법은 단순한 흉내로 가능한 것이 아니지요. 유대인은 탈무드를 공부할 때, 꼭 두 명이서 토론을 합니다. 이것을 하브루타라고 하는데, 어릴 때는 부모-자식이, 좀 더 크면 친구들과 토론을 하면서 탈무드를 학습합니다. 우리나라는 교육을 무조건 머리에 집어넣는 것으로 생각하잖아요. 그런데 집어넣는 것보다 중요한 것은 빼내는 것입니다. 스스로 생각하고 스스로 의견을 내는 훈련을 유대인은 어릴 때부터 해왔다는 겁니다. 하브루타식 토론이 왜 중요할까? 우선 토론을 하려면 상대방의 주장을 경청해야 하고, 동시에 자신의 생각을 발표해야 하기 때문에 기본적인 커뮤니케이션 능력이 키워집니다. 동시에 자기 생각을 조리 있게 정리해야 하기 때문에 사고력과 논리력이 키워집니다. 또 상대방을 설득하려고 노력하는데, 이것을 통해 협상 능력이 키워집니다. 이러한 커뮤니케이션 능력, 사고력, 논리력, 협상력은 리더십의 기본이 됩니다. 유능한 운동선수는 기본기가 튼튼하죠. 리더십도 마찬가지입니다. 하브루타식 토론을 통해 유대인들은 평소에 리더십의 기초체력을 기를 수 있는 것이지요.

우리나라는 이런 토론문화가 조성되어있지 않습니다. 우리는 뭐든지 일사불란한 것을 좋아 합니다. 점심시간에 식당에서 메뉴를 고를 때도 각자 먹고 싶은 메뉴보다는 하나로 통일하는 걸 더잘하지요. 지금 보시는 사진은 제가 듀폰에 와서 초기에 참여했던 리더십 회의의 한 장면입니다.

아시아태평양 지역 전 리더급 직원이 모두 참여한 회의로, 직급이나 나이에 상관없이 발언을 할 수 있습니다. 다양한 사람들이 모여서 다양한 의견을 주고받는 현장은 좋은 경험이 되었습니다. 그런데 한 번은 이 회의에서 사장이 결론을 내리려고 하면 꼭 딴지를 거는 직원이 있는 겁니다. 제가 걱정이 돼서 상사에게 '저 친구 저러다 잘리는 거 아니냐'고 묻자 상사가 웃으면서 하는 말이 일부러 그렇게 하라고 시켰다는 거예요. 이런 걸 데블스 애드버킷Devil's Advocate이라고 하는데 열띤 논의가 이루어지도록 일부러 반대 의견을 제시하도록 하는 거죠. 왜 이런 것을 시킬까요? 집단사고에 빠

커뮤니케이션 능력,
사고력, 논리력, 협상력은
리더십의 기본이 됩니다.
유능한 운동선수는
기본기가 튼튼하죠.
리더십도 마찬가지입니다.

지는 것을 방지하기 위해서입니다. 그러면 당연히 회의 시간이 길어지겠죠. 하지만 시간을 좀 더 투자하는 것이 집단사고에 빠지는 것보다 낫다고 생각하는 겁니다. 특히 미국인들은 회의를 할 때 최대한 다양한 사람들을 참여시키려고 합니다. 심지어 해당 분야에 속하지 않은 사람까지도 초빙해서 회의에 참여시키죠. 다양한 사람이 모여 다양한 아이디어를 낼 때 더 창의적인 아이디어가 만들어진다고 생각합니다.

그런데 다양성이 항상 좋은 것만은 아닙니다. 의견이 다양해질수록 통합은 더 어려워집니다. 그래서 미국에는 다양한 의견들을 통합하는 기술인 퍼실리테이션facilitation이 많이 발전했습니다. 이것을 잘 보여주는 것이 구글입니다. 이것은 구글의 사무실 모습입니다.

구글은 지난 15년 사이에 세계 최고 기업으로 성장했습니다. 구글의 가장 큰 목표 중 하나가 회사를 지식근로자의 천국으로 만들자는 것이라는데, 그것을 위해서 이런 자유로운 분위기의 사무실을 만든 겁니다. 심지어 마사지를 받는 곳도 있습니다. 왜 이렇게 자유로운 분위기를 만들어주느냐? 그래야 더 창의적인 발상이 나올 수 있거든요. 구글에서는 일하는 환경만 바꾸는 것이 아니라 직원을 뽑을 때도 일부러 다양한 사람을 뽑습니다. 음악가도 뽑고 운동선수도 뽑고. 그래야만 좀 더 다양한 의견들이 나올 수 있다고 생각하는 거죠. 우리나라는 기업에서 채용을 할 때 적성검사를 하죠. 적성검사를 통해 조직에 가장 잘 적응하고, 말을 잘 들을 사람을 뽑습니다. 그리곤 직원들의 창의성이 부족하다고 툴툴

> 국내 시장은 이미 포화상태이지요.
> 때문에 많은 기업들이
> 2020년 전략으로 내세우는 것이
> 글로벌 사업의 확장입니다.
> 그런데 문제는 그것을 추진할
> 글로벌 인재들이
> 너무 부족하다는 겁니다.

거리죠. 선발할 때부터 창의적인 인재 또 글로벌 인재를 뽑는 것이 중요한 것인데도 말이죠.

구글에서 중요시하는 또 다른 하나는 토론 문화입니다. 토론하는 문화를 만들어주기 위해서 식당을 만들어 항상 식사를 같이 하게 합니다. 밥을 같이 먹게 되면 모여서 자연스럽게 이야기를 하게 되죠. 이런 노력들이 구글을 단시간에 세계 최고의 기업으로 성장시킨 원동력입니다.

미래 사회, 글로벌이 리더의 자질

앞서 창의성과 더불어 미래 사회에 경쟁력 있는 인재의 요건으로 글로벌 역량과 리더십을 말씀드렸습니다. 지금까지 창의적 인재 양성에 대해 다루었다면, 이제 글로벌 역량과 리더십을 갖춘 인재 양성에 대해 이야기를 나눠보겠습니다. 다들 아시겠지만 우리 사회는 갈수록 글로벌화 되어가고 있습니다. 기술이 발달하면서 점점 경계가 무너지고 있죠. 그리고 세계 시장도 갈수록 비슷해집니다. 예를 들어, 스타벅스가 우리나라에 들어오면서 우리나라의 커피 문화를 바꾸고 활성화시켰잖아요. 그런데 이런 일이 비단 우리나라에만 일어난 것이 아니라 중국부터 아랍에 이르기까지 진 세계에 일어났습니다. 그러니까 다국적 기업들의 활동으로 전 세계 시장이 동질화되고 있다는 것입니다.

미국 BCG(보스턴 컨설팅 그룹)의 경영 컨설턴트들이 모여 앞으로 세계 비즈니스 환경의 변화를 연구한 『글로벌리티』라는 책에서

창조의 원천, 호모 컨버전스

는 이제 모든 사람들이 어떤 장소에서든 모든 것을 걸고 경쟁하는 초글로벌 경쟁시대가 되었다고 말합니다. 국내 기업들의 사정도 마찬가지입니다. 국내 시장은 이미 포화상태이지요. 때문에 많은 기업들이 2020년 전략으로 내세우는 가장 중요한 것이 글로벌 사업의 확장입니다. 그런데 문제는 그것을 추진할 글로벌 인재들이 너무 부족하다는 겁니다.

한 조사에 의하면 현재 기업의 임원들에게 꼭 필요한 역량 중 하나가 글로벌 역량이라고 합니다. 그런데 다른 조사에서는 글로벌 역량을 가진 인재가 부족하다는 기업이 88%에 달했습니다. 글로벌 역량이 꼭 필요하지만 그것을 가진 사람은 많지 않다. 참 아이러니 하지요. 어떻게 보면 이 상황이 기회가 될 수 있습니다. 글로벌 역량을 갖추면 개인은 물론 기업도 미래의 성장 경쟁력을 갖추는 셈이기 때문이죠. 그런데 안타까운 것은 우리나라에는 글로벌 역량을 갖춘 인재 양성 교육이 제대로 이루어지지 않고 있다는 점입니다.

얼마 전 서울대학교에 글로벌 공학교육센터가 세워졌습니다. 저는 이곳에서 글로벌 인재 역량에 관한 과목을 강의했는데요. 주로 기업에서 강의를 하다가 학부 학생들에게 강의를 하니, 색다르고 재미있는 경험이었습니다. 그런데 수업을 할수록 학생들의 시야가 너무 좁다는 느낌을 받았습니다. 특히 공대 학생들의 경우, 기술 위주로만 생각하고 다른 생각은 별로 하지 못 하더군요. 제가 수업을 통해 글로벌 마인드, 비즈니스 마인드, 리더십 마인드에 대해 교육을 해주니 많은 학생들이 좋아했습니다. 시야가 넓어졌다, 앞으로 무엇을 어떻게 준비해야 될지 배웠다는 평가가 많았습니다. 이런 반응을 보면서 지금껏 이런 교육이 너무 부족했다는 생각이 드는 겁니다. 앞으로는 오히려 공과 대학을 나온 학생들이 기업의 임원이나 CEO로 성장할 기회가 훨씬 더 많습니다. 기업의 리더로 성장하기 위해서 기술만 알아서는 안 되겠죠. 제가 처음 듀폰에 들어가서 놀란 것은 대부분의 경영진이 엔지니어 출신이라는 사실이었습니다. 대부분 처음에는 공장에서 경력을 시작해서 거기서부터 재능을 인정받으면 다른 분야, 심지어 마케팅, 세일즈, 인사 분야 등으로 발전을 해가더라고요. 그래서 저는 특히 기술 쪽에 있는 사람들에게 다양한 학문을 접할 기회를 줘서 더욱 창의적이고 융합적 사고를 할 수 있는 인재로 성장시켜야 한다고 생각합니다.

저는 한국인의 창의성과 잠재력이 무궁무진하다고 생각합니다. 창의성과 열정이 넘치는 조직문화가 형성되고 글로벌 역량을 갖춘 인재를 양성하는 교육 프로그램이 잘 적용된다면 앞으로 유대인보다 더 세계에 영향력 있는 인재들을 양성할 수 있다고 믿습니다. 감사합니다.

윤경로 글로벌인재경영원 원장
2008~2011 한국퍼실리테이터협회 협회장
2006~2013 듀폰 아시아지역 인사담당 부사장
1988~2005 듀폰 아시아지역 인재개발담당 전무

창조의 원천, 호모 컨버전스

Talk show

융합하라!
창의가 주어질지니

MC 서로 다른 분야에 계시는 전문가이기는 합니다만, 어쨌든 오늘 '호모 컨버전스'라는 동일한 주제로 강연을 해주셨는데요. 서로의 강의를 들으시면서 궁금한 부분은 없으셨는지요?

윤경로 저는 개인적으로 지식채널e 영상의 다양하고 좋은 아이디어의 단초가 되는 것이 무엇인지 궁금합니다.

김진혁 강연 내용 중에서도 잠깐 말씀을 드렸지만, 첫 아이디어가 어떠한 제한도 받지 않도록 하는 것이 가장 중요하다고 생각합니다. 담당 피디인 제가 아이디어를 제시할 수도 있지만, 그보다 저는 같이 일하는 작가들이 아이디어를 제시할 수 있도록 하고 있습니다. 그러면 작가 여섯 명이 있을 경우, 각 작가가 가진 여섯 가지 색깔이 쫙 뻗어나가게 됩니다. 그리고 사람은 관심 분야가 매일 달라지거든요. 그게 계속 업데이트 되는 거죠. 그렇게 보면 아이디어가 동날 걱정이 없어집니다.

창조의 원천, 호모 컨버전스

윤경로 실질적으로 작가들을 독려해서 지금의 결과를 이끌어 낸 김진혁 교수님이 창의융합형 인재라고 생각이 듭니다. 그런 부분에도 신경을 쓰셨던 건가요?

김진혁 분명한 것은 새로운 아이디어나 새로운 발상이라는 것은 자유롭게 생각할 때 가장 잘 발현된다는 점입니다. 그리고 의외성이라는 것은 어떤 지식을 습득하거나 열심히 파고들어서 발견할 수 있는 것이 아니라 내적 호기심에서 튀어나오는 것입니다. 그러다보니 PD의 입장에서는 작가들이 그것을 계속 할 수 있도록 독려했던 것 같습니다. 근데 이런 방식이 처음에는 재밌는데, 나중에는 좀 피곤합니다. 솔직히 그냥 틀 안에서 시키는 것만 하는 게 편하잖아요. 작가들이 점점 지쳐갈 때, 제가 격려해주는 역할을 했던 것 같아요.

MC 그렇군요. 그렇다면 이번에는 김진혁 교수님께서 윤경로 원장님께 질문할 것이 있나요?

김진혁 제가 필드에서 몸으로 익혔던 내용들을 논리정연하게 정리해주셔서 강연 정말 재밌게 들었습니다. 일단 제가 궁금했던

질문은 좀 있다 드리기로 하고, 다함께 생각해볼만한 문제에 대해 먼저 질문하고 싶습니다. 강의에서 기술 쪽에 있는 사람들에 대해 이야기하시면서 인문 분야의 학습을 통해서 리더십이 발현된다고 말씀해주셨는데, 인문학자와 과학자간의 소통을 위해서 어떤 방법이 효과적일 수 있을 지요?

윤경로 사실 방법은 간단합니다. 그냥 같이 묶어서 한 팀으로 일하게 하는 겁니다. 그래서 어떤 프로젝트를 할 때 관련 분야의 전문가가 아니더라도 다양한 사람들을 함께 묶어놓고 고민하고 토론하도록 하는 게 도움이 됩니다.

MC 오늘 기술 분야에 계신 분들 많이 오신 걸로 알고 있는데, 아까 보사노바 공연이 중반쯤 지나니까 슬슬 감성적인 반응을 드러내시더라구요. 그렇게 영향을 주고받는 것이 아닐까 하는 생각도 드네요. 두 분, 서로 더 궁금한 점이 있나요?

윤경로 제가 한 가지 더 여쭤보고 싶은 것은 여러 작가들이 다양한 아이디어를 갖고 올 텐데, 다른 스텝들과 의견이 다를 수도 있잖아요. 어떤 식으로 그런 의견 차이를 통합해나갔는지 궁금합니다.

창조의 원천, 호모 컨버전스

김진혁 일단 제일 중요한 부분이 명확하게 공감가고 신뢰할 만한 비전이 있어야 한다는 것입니다. 내부적으로 합의된 슬로건이 바로 '생각하는 힘'이었습니다. 그래서 '이 아이디어가 정말 시청자에게 영감을 주는가', '그 화두가 충분히 가치 있는 논쟁점인가'와 같은 기준들을 세웠습니다. 그럼에도 불구하고 의견이 팽팽하게 맞선다면 보편적 가치인 휴머니즘으로 결론을 내리기로 했죠. 이런 몇 가지 원칙을 두고 서로의 의견을 통합해나갔습니다.

MC 사실 저도 그게 궁금했거든요. 너무 토론을 길게 하다보면 산으로 간다는 얘기를 자주 하잖아요.

김진혁 네, 이런 원칙이 세워져 있음에도 불구하고 타협이 안 될 때는 리더가 결정하는 수밖에 없습니다. 리더의 자의성에 의한 결정이 되는데, 그 결정을 인정받으려면 스텝들보다 실력과 성실성의 면에서 조금이라도 더 우위에 있어야 하죠.

MC 그렇군요. 이제 질문을 받아보도록 하겠습니다. 두 분께 궁금한 점이 있는 분은 질문해주세요.

질문자1 두 분께 한 가지씩 질문 하고 싶은데요. 먼저 윤 원장님께 드리고 싶은 질문은, 강연 중에

유대인에 대한 이야기를 많이 해주
셨잖아요. 창의성이나 재능에 대해
이야기할 때면 DNA이야기가 빠지지
않습니다. DNA는 타고 나는 것인데,
그것에 창의성과 재능이 좌우된다면
사실 좌절감이 클 것 같은데요. 글로벌기
업에 계시면서 여러 국가의 인재들을 접하
셨을 텐데, DNA와 교육 또는 노력이 미치는 영향에 대해 말씀해
주셨으면 좋겠습니다.

그리고 김진혁 PD님께 드리고 싶은 질문은, 융합의 원천이 절
실함이라고 말씀하셨잖아요. 그런데 저 같은 경우는 대부분 일이
정해진 일정이 있어서 마음만 급해질 때가 있습니다. 그런 상황을
어떻게 조절하셨는지 궁금합니다.

윤경로 창의성이 DNA로 좌우되는가? 그럴 수도 있겠지만, 저
는 그것이 절대적이라고 생각하지 않습니다. 유대인들은 우리보
다 아이큐가 훨씬 낮습니다. 그러나 창의적인 사람은 우리보다 월
등히 더 많지요. 그것은 결국 가정과 학교, 사회에서의 교육방식이
우리와 다르기 때문입니다.

MC DNA 문제라기보단 후천적 교육이 중요하다는 말씀이셨
구요. 다음 질문에 대답해주시죠, 김진혁 PD님?

김진혁 절박함 때문에 가끔 오버를 하는 경우가 있습니다. 그

래서 제가 제일 중요하게 생각했던 것이 피드백 시스템입니다. 제가 좋고 싫은 걸 떠나서 최종 판단은 무조건 피드백과 함께 이루어지도록 했습니다.

그리고 항상 Plan B를 준비해둡니다. 브레인스토밍이 듣기에는 멋있잖아요. 그런데 5주를 브레인스토밍을 했는데, 결국 하나도 준비가 안 될 수도 있는 겁니다. 일정을 못 맞추는 상황이 생기는 거죠. 그럴 경우 리더는 항상 Plan B를 호주머니에 차고 있어야 됩니다. 그게 저의 노하우입니다.

MC 네, 또 다른 질문 받아보겠습니다.

질문자2 안녕하세요? 저는 링크사업단 소속으로 학생들과 함께 창의적인 사업들을 많이 진행하고 있습니다. 김진혁 PD님 강의를 들으면서 의문점이 많이 해소되었는데요. 개인적으로 과학기술 안에서의 융합, 기술이 중심이 되어 인문을 융합하는 것은 좀 쉽게 느껴지는데, 인문 안에서의 융합이나 인문이 중심이 되어 기술을 융합하는 것은 어렵게 느껴집니다. 혹시 관련된 좋은 사례를 들어주실 수 있을까요?

김진혁 지식채널e의 큰 축이 된 것들이 인지언어심리학과 뇌과학입니다. 이것들의 시작은 의학이라기보다는 심리학, 그 이전에 철학이었다고 생각합니다. 그것이 발전하면서 뇌를 촬영하는 기계나 기술 등을 융합하게 된 것이거든요. 어느 쪽이 주체인지 가리는 것이 중요하지는 않지만요.

창조의 원천, 호모 컨버전스

질문자3 오늘 좋은 강연을 해주셔서 다시 한 번 감사드립니다. 사실 실질적인 환경이 변하기 위해서는 조직의 창의성이 중요하다는 생각이 듭니다. 그런 맥락에서 창의적인 조직의 리더는 어떤 자질을 갖춰야 하며, 조직의 창의성을 키우기 위해서는 어떻게 해야 할지 두 분의 의견을 구하고 싶습니다.

윤경로 지금 말씀하신 것처럼 개인의 창의성을 높이는 것은 첫 단계구요, 그 개인의 창의성이 조직에 모여서 조직의 창의성으로 이어져야 합니다. 그렇게 하기 위해서는 자유로운 분위기가 매우 중요합니다. 그리고 어느 정도의 실수를 용납해줄 수 있어야 합니다. 그래서 즐겁게 일할 수 있고, 어떠한 의견도 낼 수 있는 조직 환경을 만들어주어야 한다고 생각합니다.

김진혁 지금 원장님께서 몇 가지를 말씀해주셨는데요. 정확히 그런 방법을 통해서 EBS의 획기적인 프로그램들이 만들어졌습니다. 예를 들어, 다큐프라임 같은 프로그램은 몇 억짜리 프로젝트임에도 불구하고 A4 1장으로만 작성해서 제출한다면 어떤 아이디어건 내도 좋다는 회사 내 공모전을 열었습니다. 아이디어만 좋다면 채택하는 제도를 만든 것이죠. 그리고 그렇게 아이디어를 채택하고 난 다음, 충분한 기간을 주고 아이디어를 발전시키게 합니다. 그런데 하다 보니 생각했던 아이디어와는 다른 방향의 프로그램이 완성되기도 하는데요. 그러면 '왜 이렇게 바꿔!'라고 윽박지르지 않습니다. 바뀐 내용이 의미가 있다면 수용해주죠. 이유 있는 실수를 용납해주는 겁니다. 이런 자유로움을 제도적으로 충분히 보장해주는 조직이 된다면 저는 최소 3년 안에 엄청난 변화를 경험할 수 있을 거라고 말씀드리고 싶습니다.

MC 두 분께 다시 한 번 큰 박수 부탁드리겠습니다. 고맙습니다.

CHAPTER 2

테크네,
기술과
예술은 원
래
하
나
였
다

Opening

감성 바이올리니스트 이하림

최악의 과학자는
예술가가 아닌 과학자이고,
최악의 예술가는
과학자가 아닌 예술가다.

From Technology
to Music

여운승

저는 1991년에 대학에 입학했고, 1995년에 학부를 마친 다음 석사과정에 진학했습니다. 그리고 1999년에 석사를 마쳤습니다. 참고로 이때까지는 제 전공이 전기공학이었습니다. 문제는 어릴 때부터 음악을 좋아했고, 미련을 버리지 못했다는 겁니다. 결국 음악에 관련된 뭔가를 해야겠다고 생각을 하고는 유학을 떠납니다. 그래서 2000년에 미디어 아트로 두 번째 석사과정을 시작한 뒤, 2008년에 음대에서 박사과정을 마쳤습니다. 가끔 어떤 부모님들이 자녀가 음악을 좋아하는데, 지금 방황하고 있으니 어떻게 하면 저와 같은 진로를 밟을 수 있는지 물어보시곤 합니다. 그런데 제가 딱 한 마디만 하면 더 이상 물어보시지 않습니다. "이 과정이 17년 걸렸습니다." 지나고 보니까 저희 부모님께 할 짓이 아니었던 것 같아요. 하지만 그저 음악이 좋아서 여기까지 오게 됐습니다.

예술의 한계를 지우는 기술

    기술과 음악은 매우 다르고 서로 생소한 분야라고 느낄 수도 있지만 사실은 그렇지 않습니다. 기술은 항상 음악 안에 존재해 왔다고 할 수 있거든요. 사진을 한 장 보여 드리겠습니다.

    이 사진은 기록상으로 가장 오래된 사진이라고 합니다. 그러니까 인류가 눈에 보이는 광경을 그대로 기록한 거의 최초의 기록입니다. 1826년 네덜란드의 니엡스Joseph Nicéphore Niépce라는 사람이 찍은 사진인데, 당시 이 사진 한 장을 찍는 데 8시간 정도가 걸렸다고 합니다. 오늘날 우리는 언제 어디서나 간편하게 사진을 촬영할 수 있습니다만, 바꿔 생각해보면 인류가 자신이 보는 것을 마음대로 기록할 수 있게 된 것이 채 200년이 안 됐다는 겁니다. 기술이라는 것이 발달하면서 사람들이 상상조차 할 수 없었던 일들을 가능하게 해준 사례인 것이죠.

Phonograph(1877)

    그런 일들이 음악 분야에도 많이 있고, 우리 주위에 늘 일어나고 있습니다. 소리를 처음 기록한 사람이 에디슨이라고 하죠. 포노그래프phonograph라는 기계를 이용해서 1877년에 최초로 기록합니다. 역시 생각해보면 인류가 소리를 기록할 수 있게 된 것은

150년이 채 안된 거구요. 150년 전에는 음악회장에 직접 가지 않는 이상 음악을 들을 수 없었습니다. 지금은 꼭 어디 가지 않아도 원하는 장소, 원하는 때에 들을 수가 있죠. 시간과 공간의 제약이 사라진 것입니다.

이 시절에는 실린더 형태의 기록 장치에 녹음을 했습니다. 장치에다 바늘을 얹어놓고 소리를 내면 바늘이 그 소리의 떨림을 기록해서 홈을 파는 겁니다. 재밌는 것은 실린더는 홈을 파야하기 때문에 단단한 재질이 아니었다고 해요. 그래서 왁스나 납 같은 것으로 만들었다고 하는데, 문제는 복제를 할 때입니다. 처음 기록한 실린더가 하나 있고, 그것을 여러 사람이 들으려면 여러 개를 만들어야겠죠. 그러자면 기록된 홈을 그대로 따라 복제해서 써야 하는 겁니다. 따라 그리기를 하는 거죠. 그런데 재질이 약하기 때문에 그대로 복사를 하면 25개 정도밖에 못 만들었다고 합니다. 그럼 수천 개를 만들려면 어떻게 했을까요? 오케스트라가 밤새 반복해서 연주하면 되겠죠. 실제로 그렇게 했다고 전해집니다.

Gramophone(1887)

10년 뒤에는 보시는 것처럼 원반형의 기록매체에 기록을 하는 식으로 기술이 발전합니다. 사진과 같이 나팔 형식의 관을 써서 소리를 집어넣으면 소리가 관을 타고 밑에 있는 바늘을 움직이게 됩니다. 그래서 홈을 파서 기록을 하게 됩니다. 이 비디오는 40년대 중반에 미국 RCA라는 레코드 회사에서 음반을 만드는 과정을 보여주는 비디오인데요. 몇십 년 전에는 음악이 어떻게 만

테크네, 기술과 예술은 원래 하나였다

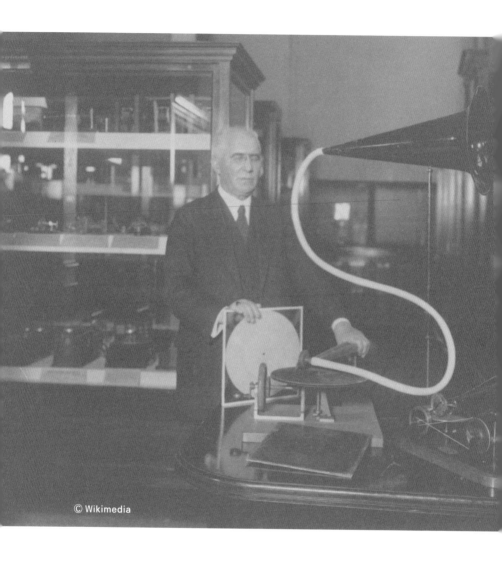

youtube-How shellac records are made (1942)

들어졌는지를 볼 수 있는 영상입니다. 감상해보시죠.

　석고 조각하는 것과 비슷한 이치입니다. 먼저 아주 평평한 판에다 왁스를 붓고, 가열을 해서 평평한 판을 만듭니다. 몇 가지 복잡한 과정을 더 거쳐서 완성된 판을 리코딩 스튜디오로 가져가서 그 위에 바늘을 올려놓고, 준비가 되면 신호를 보냅니다. 지금의 사운드 엔지니어의 작업에 해당하는 거죠. 신호를 주면 오케스트라가 연주를 하는 겁니다. 그럼 만약 연주자가 중간에 틀리면 어떻게 해야 할까요? 물론 그런 일이 일어나서는 안 되겠지만, 처음부터 다시 녹음을 해야겠죠.

　이런 음악 녹음 방식은 1900년대 초반에 사용했었고, 이렇게 만들어진 판은 1분에 78회전을 합니다. 커다란 디스크임에도 불구하고 소리를 최대 3분까지밖에 기록하지 못했다고 해요. 여러 곡을 듣고 싶거나, 긴 곡을 듣고 싶다면 계속 디스크를 바꿔야 하죠. 그래서 여러 개의 판을 앨범처럼 담아서 가지고 다니게 됩니다. 요즘 가수들이 음반을 낼 때 여러 곡을 담은 음악 CD를 앨범이라고 하는데, 바로 여기서 유래하게 되었습니다.

　70년대에 와서 워크맨이 생깁니다. 워크맨은 음악 감상에 있어서 또 한 번의 혁명을 일으키는데, 이동

중에도 음악을 듣는 등 보다 완전한 장소의 자유를 제공해준 것입니다. 보시는 것처럼 새로운 기술이 나오면 점점 우리에게 주어진 제약이 사라지지요.

재미있는 흐름을 하나 볼 수가 있는데요. LP, 카세트테이프, CD, 아이팟으로 대표되는 디지털 음악 플레이어까지, 기술의 발달과 함께 음악 매체가 변해왔죠. 그런데 잘 살펴보면, CD까지는 음악은 디스크나 카세트 등 늘 손에 잡을 수 있는 물건에 담겨 있었습니다. 그러나 디지털 음악 플레이어 시대로 접어들면서 음악은 더 이상 눈에 보이거나 손에 잡히지 않습니다. 예전에는 앨범 재킷이나 디스크 표지가 큰 이슈였죠. 좋은 그림도 꽤 많았고. 요즘은 누구도 그림에 신경을 쓰지 않습니다.

또 하나 재밌는 걸 알려드릴까요? 1940년대부터 2010년대까지 대중음악의 길이를 보면 40년대는 2~3분 사이였다가 최근 4분이 넘어가고 있습니다. 사실 음악은 원래 길었습니다. 디스크가 나오면서 모

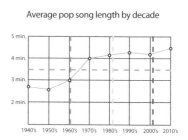

Average pop song length by decade

든 곡들이 3분 이하로 줄어들게 됐죠. 그런데 LP가 나오면서 그 3분의 벽이 무너집니다. 더 긴 곡을 넣을 수 있게 된 거죠. 그리고 CD, MP3가 나오면서 점점 더 곡들이 길어지고 있습니다. 기술이 발달하고 매체가 바뀌면서 곡을 만드는 형식도 바뀌고, 그에 따라 우리가 음악을 즐기는 방법도 달라지고 있는 거죠.

기술로 새로운 가능성을 탐구하다

자, 두 개의 악보가 있습니다. 왼쪽의 악보와 오른쪽의 악보. 두 악보의 가장 큰 차이점은 뭘까요? 아주 전문적인 내용까지 여기서 다룰 수는 없겠지만 보시면 오른쪽에 있는 악보는 왼쪽에 비해 기호 같은 것들이 많습니다. 오른쪽 악보를 보면 부등호 표시들이 있고, 음의 크고 작음에 대한 기호가 나옵니다. 그리고 처음 두 마디 아래쪽 밑에 줄이 쭉 그어진 게 보이실 겁니다. 페달을 밟으라는 표시입니다. 오른쪽 악보는 강약 조절이나 페달에 관한 연주 효과들을 표시해놓았고, 왼쪽 악보에는 그런 것이 전혀 없습니다. 그렇다면 오른쪽 악보를 쓴 사람이 왼쪽 악보를 쓴 사람보다 음악을 더 잘하는 사람일까요? 두 악보의 작곡가를 밝혀

보니, 왼쪽 악보의 주인은 음악의 아버지라 불리는 바흐Johann Sebastian Bach이고 오른쪽 악보의 주인은 음악의 시인이라 불리는 쇼팽Fryderyk Franciszek Chopin입니다. 그런데 두 사람의 악보가 왜 이렇게 다를까요?

그 당시 썼던 악기가 달랐기 때문입니다. 바흐가 음악을 했던 시절에는 하프시코드harpsichord라는 악기를 썼는데, 피아노와 거의 비슷한 피아노의 조상뻘 되는 악기입니다. 그런데 피아노와는 소리 내는 방식이 전혀 다릅니다. 피아노는 건반을 치면 안에서 망치가 줄을 때리는 식으로 음이 나는 반면, 하프시코드는 마치 피크로 기타 줄을 튕기는 식으로 소리를 내게 됩니다. 피아노는 건반을 어떻게 치느냐에 따라 음량이 달라지지만 하프시코드는 살짝 치든 세게 치든 소리가 똑같지요. 그래서 바흐 시절에는 왼쪽과 같은 악보가 나오는 게 지극히 정상적이고, 쇼팽 시절에는 오른쪽과 같은 악보가 나오는 게 지극히 정상적인 것입니다. 이렇듯 기술의 발달이 악기의 차이를 만들어내고 악기의 차이가 새로운 음악을 만들어냅니다. 절대 음악적으로 우월하거나 모자라거나 하는 문제가 아니라는 겁니다.

ⓒyoutube-Stanford Laptop Orchestra

테크네, 기술과 예술은 원래 하나였다

울림통에서 소리가 나는 어쿠스틱 악기가 있는가 하면, 전기로 증폭을 해서 소리를 내는 전기 기타 같은 것도 있습니다. 요즘은 더 나아가서 소리 자체를 아예 컴퓨터를 가지고 만드는 악기들도 많이 있습니다. 기술의 발달은 우리가 음악을 듣는 방법에도 영향을 미쳤고, 음악을 연주하는 악기에도 영향을 미칩니다. 이 영상을 한 번 보시죠.

오케스트라 단원들이 악기를 들고 있지 않고 노트북 컴퓨터를 하나씩 놓고 있습니다. 이 사람들은 노트북을 악기로 쓰고 있는 거죠. 이 사람들은 무대에 올라가서 프로그래밍을 합니다. 그렇게 오케스트라처럼 연주를 합니다. 기술이 점점 발달하면서 기존에는 악기라고 생각하지 않았던 물건과 기술들이 음악을 만들고 소리를 만드는 데 활용이 되는 겁니다. 또 하나의 예는 리액터블reactable, 또는 리액테이블이라는 장치입니다. 사실 단순한 겁니다. 탁자 위에 뭔가를 올려 놓구요. 물건을 돌리거나 위치를 바꾸면 거기에 따라서 소리가 달라지는 겁니다. 기존에 이런 악기는 존재하지 않았죠. 하지만 사람들이 컴퓨터 연결 장치를 만들어서 소리를 바꾸고 음악을 연주하는 도구로 활용하고 있는 겁니다. 혹시 아이폰 오카리나라는 것을 들어보신 적 있나요? 스마트폰에 마이크가 있죠. 이 아래쪽에 마이크하고 스피커가 있습니다. 마이크에 바람을 불어넣는 겁니다. 그러면 마치 오카리나로 연주하는 것처럼 정확히 스마트폰을 가지고 연주할 수 있습니다. 음악에는 쓰일 수 없을 것 같은 물건을 가지고 새로운 악기를 만들어내는 시도인 거죠.

테크네, 기술과 예술은 원래 하나였다

이제까지는 악기에 관한 얘기였다고 한다면 이제부터는 음악을 만들 때 장소의 제약에 대한 이야기입니다. 우리가 소리를 녹음해서 음악을 들을 때는 더 이상 장소의 제약을 받지 않습니다. 하지만 음악을 만들 때는 함께 연주하기 위해 어딘가에 가서 누군가를 만나야 하죠. 그런데 이 공연을 한번 보시죠. 화면 앞에 연주자들은 서울에 있고, 뒤에 네 개 화면은 뉴욕 유엔 본부, 북아일랜드 벨파스트, 캐나다의 벤프, 미국 샌디에고에 실시간으로 연결되어 있습니다. 다섯 개의 서로 다른 도시에 있는 사람들이 인터넷을 통해 동시에 음악을 함께 연주하고 있는 겁니다. 이제는 음악을 연주할 때도 장소의 제약이 사라지고 있습니다. 중요한 것은 기술이 점점 음악의 한계를 없애고 새로운 전망을 가능케 하고 있다는 것입니다.

이것은 제가 했던 작업인데요. 스마트폰을 들고 있는 사람이 한 명 나와서 손에 있는 스마트폰을 돌립니다. 혼자 있을 때는 아무런 일이 일어나지 않지만, 두 번째 사람이 올라와서 손에 든 스마트폰으로 다른 사람을 가리키면 소리가 납니다. 스마트폰의 나침반을 이용한 원리인데, 이렇게 서로 다른 사람을 가리키는 것

ⓒyoutube-KAMPO:
Where Are You Standing?

Where Are You Standing?
Bongjun Kim, Woon Seung Yeo

으로 연주가 된다는 겁니다. 이 정도쯤 되면 도대체 저게 어떻게 음악인가, 무슨 일을 하는 건가. 생각을 하실 텐데요. 끊임없이 새로운 가능성을 계속 탐구하는 것이라고 생각하시면 될 것 같습니다. 기술은 끊임없이 주어지고 있거든요. 음악을 하는 사람의 입장에서 본다면 그런 기술 중에 놓치기 아까운 것들이 너무나 많습니다. 어떻게든 '저런 것들을 음악을 만드는 데 활용할 수 없을까?' 혹은 '완전히 새로운 방식으로 음악을 만드는 방법을 제안해볼 수는 없을까?' 고민하죠. 그러니까 제가 하는 일은 기술을 연구하는 사람으로서 음악을 하는 사람을 돕는다고 할 수도 있겠고, 다른 한 편으로는 음악을 하는 새로운 방법을 제안하고 있다고 볼 수도 있겠습니다.

기술이 예술의 영역으로 편입될 때

오늘의 마지막 질문을 던지겠습니다. 두 개의 그림이 있습니다. 왼쪽의 그림이 몬드리안의 그림이구요. 옆에 비슷한 그림이 하나 더 있습니다. 이 그림은 컴퓨터가 그린 그림입니다. 왼쪽 그림을 그리라는 프로그램을 짜서 실행시킨 결과입니다. 실제로 1960년대에 미국에서 했었던 실험입니다. 당시 많은 이야기들이 있었는데요. 컴퓨터가 그린 오른쪽 그림을 그림이라고, 즉 예술이라고 인정할 수 있는가 하는 점이었습니다. 컴퓨터가 만든 결과물도 예술이라고 할 수 있는지. 만약 예술이라면 그 컴퓨터 그림을 만들기 위해 프로그램을 짜는 행위는 예술이라고 할 수 있는지. 그러니까 프로그래머를 예술가라고 해야 할지에 대한 질문들이 연달

테크네, 기술과 예술은 원래 하나였다

기술이 점점
음악의 한계를 없애고
새로운 전망을
가능케 하고
있다는 것입니다.

아서 나오게 됐던 거죠.

　음악에도 동일한 질문이 나올 수 있습니다. 음악을 아주 단순하게 표현하자면, 사실은 두 가지 규칙을 만족시키는 행위거든요. 세로방향으로 음을 쌓는 걸 화성학이라고 얘기하고 가로방향으로 음을 쌓는 걸 대위법이라고 합니다. 저 두 가지 규칙만 잘 만족시켜 준다면 원하는 음악을 만들 수 있는 겁니다. 이런 규칙을 컴퓨터가 따를 수 있다면, 컴퓨터가 음악을 만드는 일도 가능한 거죠. 실제로 그래서 많은 사람들이 컴퓨터를 이용해서 작곡을 하고 있고요.

　기술과 예술이 굉장히 멀리 다른 곳에 있는 것 같지만 사실은 결코 그렇지 않습니다. 저런 기술들을 굳이 음악에 쓸 필요가

있는가. 사실 우리가 지금 익숙하게 쓰고 있는 예술적 도구들은 어느 순간에는 굉장히 생소한 도구였고 아주 높은 수준의 기술을 요구하는 것들이었습니다. 캔버스에 유화를 그리는 것도 처음에는 아무나 할 수 있는 일이 아니라, 소수의 사람만이 다룰 수 있는 기술이었습니다. 마찬가지로 지금 제가 보여드린 것과 같은 이상한 시도들도 시간이 지난 뒤에 누구나 쓸 수 있는 기술이 된다면, 더 이상 기술로 취급되지 않고 예술의 영역으로 들어갈 수 있다고 봅니다. 그렇게 본다면 결국 기술과 예술은 궁극적으로 어느 점에서 만날 수밖에 없을 것 같습니다. 프랑스의 물리학자 아르망 트루소의 말로 강의를 마무리하려 합니다.

"최악의 과학자는 예술가가 아닌 과학자이고, 최악의 예술가는 과학자가 아닌 예술가다. The worst scientist is he who is not an artist. The worst artist is he who is no scientist. " - Armand Trousseau

감사합니다.

여운승
이화여자대학교 디지털 미디어학부 교수 · 카이스트 문화기술대학원 교수
2010 중앙일보 통섭형 인재 7인 선정
2013 세계 인명사전 Marquis Who's 등재
2013 NIME 13차 국제 학술대회 조직위원장

테크네, 기술과 예술은 원래 하나였다

"
남들과 다를 수 있는 용기가,
인류 진화의 원동력이 될 수 있습니다.
"

은평구에 사는
완주군민

밥 장

오지랖? 재능?

저는 그림을 그리는 사람이지만 그 외에도 직업이 몇 개 있습니다. 그 어렵다는 화장품 모델이기도 하고, 세계로 떠나는 작가이기도 합니다. 아무래도 그림을 그리려면 사람에 대한 이해가 있어야 하는데, 그래서 그에 관련된 책도 씁니다. 그리고 완주의 명예 군민이기도 합니다. 이런 이야기를 하면, 제가 다양한 일을 하고 있는 것이 오지랖 때문인지 재능이 많기 때문인지 의아해하실 분들이 많을 것 같습니다. 말씀드리기에 앞서서, 일본의 공익광고 영상을 하나 보여드리겠습니다.

ⓒ youtube-일본 어린이 재단-고래

테크네, 기술과 예술은 원래 하나였다

미술시간입니다. 선생님이 마음속에 있는 것을 그려보라고 하죠. 다른 아이들은 자기가 꿈꾸는 걸 그리는데, 이 아이는 도화지를 온통 새까맣게 칠하고 있습니다. 한 장도 아니고 수십 장을. 그래서 아이의 선생님과 부모님이 긴급히 상담을 하고, 아이를 병원에 보내 치료하려고 합니다. 그런데 사실 이 아이는 머릿속으로 고래를 상상하고 있었고, 고래는 고래크기로 그려야 한다는 생각을 갖고 있었습니다. 처음에는 맛이 간 아이라고 생각했는데, 지금은 어떻습니까? 천재죠.

이 광고의 주제는 아이들을 격려하는 방법에 대한 얘기입니다. 상상력을 발휘하도록 제한을 두지 말라는 것이죠. 즉, '그림은 반드시 도화지 안에만 그려야 해.' '크레파스로 정해진 크기에만 그려야 돼.' 이런 틀 자체가 자유로운 상상을 막는다는 겁니다. 우리가 말하는 틀들이 많잖아요. 어떤 사람은 패러다임이라고도 하고 어떤 사람은 트렌드라고도 합니다. 그런데 그런 것에 갇히다보면 더 상상할 수 있는 것들을 오히려 잘라내는 수가 있다는 겁니다.

저는 경제학을 전공했고, SK라는 대기업을 다녔어요. 그 곳에서 마케팅과 기획을 했죠. 그러다가 2005년부터 그림을 그리기 시작했습니다. 십여 년 동안 빙빙 돌아온 거죠. 친구들이 저를 가리켜 왜 너는 네가 공부한 것과는 전혀 관계없는 일을 하고 있냐고 하는데, 사실 마케팅과 기획 경험이 저에게 많은 도움이 됩니다. 그림을 그리더라도 예산을 잡아야 하고, 품질도 관리해야 하거든요. 기존의 작가들은 염두에 두지 않거나 나름대로 생각은 하지만 사람들과 공유하기 힘든 부분이죠. 그런 부분에서 저는 오히려 훨씬 더 유리합니다. '그림을 그리는 사람은 미대를 나와야 돼', '음악을 하려면 음대를 나와야지' 같은 경계 자체가 더 좋은 그림, 더 좋은 음악을 만드는 데 오히려 걸림돌이 되지 않나 싶습니다.

보여드린 광고 영상처럼 저는 늘 상상하고 이것저것 실행해보는 삶을 살고 있습니다. 누구에게나 어떤 것을 잘하고 싶은 마음이 있어요. 저도 마찬가지인데, 그래서 저는 잘하려면 어떻게 해야 되는지 고민을 해봤어요. 그리고 저 나름대로 이런 결론을 내렸습니다. '좋아하면 오래 버틸 수 있고, 오래 버티면 잘 할 수 있다.' 거꾸로 말하면 무언가 잘하고 싶으면 당연히 오래 버텨야 하고, 오래 버티려면 제가 좋아해야 한다는 거죠. 결국 잘하는 일과 좋아하는 일이 분리되어서는 결코 잘하는 일도 잘할 수 없고, 좋아하는 일을 마음껏 즐길 수 없다는 것입니다.

재능은 나눌수록 수요가 늘고 밥그릇도 커진다

앞서 말씀드렸듯이 저는 은평구에 살고 있지만 완주 군민이기도 합니다. 어떻게 이것이 가능한지 지금부터 이야기해보겠습니다.

완주군과 인연을 맺기 시작한 것은 2009년이었어요. 벽화를 그리고 싶은데, 아무 벽에나 그릴 수 없잖아요. 혼나죠. 다시 다 지워야 하고. 그래

테크네, 기술과 예술은 원래 하나였다

서 방법을 찾던 차에 재능 나눔을 통하면 마음껏 벽에 그림을 그릴 수 있겠다는 생각을 하게 되었습니다. 그래서 재능 나눔을 신청하게 됐어요. 그전까지는 완주가 어디에 있는지도 몰랐죠. 2009년에 처음으로 완주 상관면에 있는 기찻길 작은 도서관이라는 곳에 벽화를 그렸습니다. 그때 처음 그린 캐릭터가 지금은 이 도서관의 상징이 된 꿈붕어라는 캐릭터에요.

　두 번째 한 것이 소양면 철쭉 도서관이었는데요. 우리나라의 철쭉의 50% 이상이 이 동네에서 난다고 해요. 하지만 모두 내다 파느라고 정작 동네에서는 철쭉을 찾아보기 힘들었습니다. 그래서 아이들을 위해 철쭉이 핀 모습을 벽화로 그렸죠.
　다음으로 봉동에 있는 다문화 카페 작업을 했어요. 시골에는 다문화 가정이 많잖아요. 그곳에서 다문화 가정을 꾸리고 생

활하시는 분들과 함께 벽화를 그렸습니다. 거기 계신 분들이 밑그림을 그리면 제가 색을 입혀서 완성하는 식이었죠.

　그다음에는 삼례도서관에서 아이들과 함께 도서관 벽을 꾸미는 작업을 했습니다. 소가 사람보다 많다는 화산에 가서 그곳의 아이들과 함께 작업을 하기도 했죠.

　이런 식으로 하나 둘씩 그리다보니까 어느덧 완주군의 10여 개 장소에 그림을 그리게 됐어요. 그런데 참 재미있는 일들이 일어났습니다. 그전까지는 완주군에 재능 나눔이라는 개념이 없었는데, 외부 사람이 와서 재능 나눔을 하는 모습을 보면서 주민들이 관심을 가지기 시작한 겁니다. 동네에 계신 분들이 외지 사람도 와서 우리 동네를 위해서 뭔가 하는데 우리도 뭔가를 해야 되지 않겠냐는 생각을 가지면서 기찻길 도서관을 중심으로 자발적인 모임이 생겨나기 시작합니다. 영어를 잘하는 분은 영어를 가르쳐주고, 자수를 잘 놓으시는 분은 자수를 가르쳐주고 하면서 그 동네 도서관이 책만 보는 곳이 아니라 커뮤니티로 활성화된 겁니다. 나중에는 이 도서관이 전북에서 제일 좋은 작은 도서관이라는 상까지 받게 되었습니다. 그 전에 상관면에는 아무 것도 없었어요. 벌판이 있고, 아파트 한 채가 서 있었죠. 아파트 안에 있는 관리동 2층에 자리 잡은 작은 도서관이 바로 기찻길 도서관이었습니다. 그런데 주민들이 계속 관심을 갖고 모여서 의견을 내다보니 올해는 주민자치센터까지 새롭게 생기게 되었다고 합니다.

　또 한 가지 신기한 일은, 처음에 재능 나눔으로 시작했던 이 일이 또 다른 수익 창출로 이어지는 겁니다. 지역에서도 해보니까 지역을 위한 사업과 예술이 잘 융합되거든요. 사람들의 감성을 움직이고, 참여를 유발할 수 있고, 공간이 따뜻해지는 여러 효과가 있으니까 계속 수요가 발생하는 거죠. 그래서 진행하게 된 것이 완주군립도서관의 벽면 작업과 인재개발원과 상관면에 생긴 영어도서관을 꾸미는 작업 등입니다.

저는 돈을 받아야 내 재능을 제공하는 give and take식 영업은 일차원적이라고 생각합니다. 제가 생각하는 21세기의 세련된 영업은 내가 가진 재능, 내가 가진 기술을 먼저 풀고 내 것을 충분히 느끼게 한 다음, 시간을 들여서 나를 좋아하는 사람을 만드는 것이라고 생각합니다. 나머지 것들은 그다음에 자연히 따라온다고 생각해요. 그렇기 때문에 특별한 재능이 있다면 반드시 나눠야 합니다. 그래야 수요가 생기고, 수요가 생겨야만 내 밥그릇도 커지는 법이죠.

" 제가 생각하는 21세기의 세련된 영업은…

내가 가진 재능, 내가 가진 기술을 먼저 풀고 내 것을 충분히 느끼게 한 다음, 시
간을 들여서 나를 좋아하는 사람을 만드는 것이라고 생각합니다. **99**

　저는 2007년부터 재능 나눔 프로젝트를 약 130개 정도 했고, 지금도 계속 하고 있습니다. 그런데 이런 재능 나눔 프로젝트를 통해 일이 확장되는 것뿐만 아니라 저의 영역도 넓어지는 것을 느낍니다. 사실 저는 농촌과 그렇게 관련이 있는 사람이 아니거든요. 그런데 지금은 신문에 해당 마을의 기사가 나면 스크랩도 하고, 뉴스를 통해 관련 내용이 방송되면 귀담아 듣고, 지역 사업에 참여하기도 합니다. 그러면서 제 활동 영역도 훨씬 넓어졌죠. 그 대표적인 예가 '로컬 푸드 사업'이에요. 로컬 푸드는 이름 있는 먹거리인데요. 우리가 마트에서 농작물을 사긴 하지만 그것이 어디에서 나고 어떻게 재배되었는지는 모르잖아요. 요즘 여러 환경문제가 대두되면서 원산지에 대한 중요성도 함께 떠오르고 있는데, 로컬 푸드 사업은 바로 그런 부분에 도움을 주는 사업입니다. 완주군에서 하고 있는 사업인데요. 누가 언제 재배했는지 이력관리를 해서 소비자들은 안심하고 식품을 살 수 있고, 유통단계를 줄여서 생산자가 더 많은 이익을 가져갈 수 있는 매장을 만들었습니다. 그 매장 카페에 그림을 그리고 인테리어를 돕는 일을 함으로써 저도 로컬 푸드 사업에 참여했죠.

그러다보니 어느덧 제가 농촌과 관련된 사람이 되어 있었습니다. 2013년에는 농림축산식품부로부터 농촌재능기부부문 표창장도 받게 되었습니다. 동시에 이런 활동들이 너무 즐거웠습니다. 제가 갖고 있는 유일한 재능, 그림을 그리는 것을 나눔으로써 지역이 활성화되는 것 자체가 너무 행복한 겁니다. 제 작업물을 좋아하는 것을 느낄 때마다 힘도 나구요. 이런 관계가 요즘 말하는 도농상생이나 지역문화발전에 작은 실마리가 될 수 있지 않을까 생각합니다.

변화를 실천하는 용기, 진화하는 힘의 원천

마지막으로 개성에 대한 이야기를 해볼까 합니다. 예술에 대해 이야기할 때는 개성이라는 부분을 빼놓을 수가 없습니다. 하지만 많은 분들이 일의 효율성이나 질서를 위해서 개성보다는 안정을 더 추구하는 경향이 있지요. 여기 하나의 사진을 봐주십시오.

테크네, 기술과 예술은 원래 하나였다

이 사진이 무엇을 의미하는지 아마 잘 아실 겁니다. 영국 맨체스터에 산업혁명이 일어나면서 흰 자작나무가 공해 때문에 까맣게 변하고 말았습니다. 자작나무 나방은 자작나무 색깔에 맞춰서 보호색으로 하얀색을 띠고 있었는데, 공해로 인해 나무가 까맣게 변하자 나방까지 까맣게 변하기 시작했습니다. 산업화의 폐해에 대해 설명할 때 꼭 나오는 사진이지요.

그런데 우리들이 잘 모르는 사실이 있습니다. 자작나무 나방이 하얀색을 띠고 있을 때도 0.04%의 검은 나방이 있었다는 겁니다. 생각해보세요. 흰 나방이 검은 나방이 될 수 있는 유전자가 전혀 없었다면 예측할 수 없는 환경의 변화 속에서 흰 나방이 검은 나방으로 바뀔 수 있었을까요? 또 한 가지 재미있는 것은, 맨체스터의 환경이 좋아져서 나방들이 다시 하얗게 변한 지금도 0.04%의 검은 나방이 존재한다는 것입니다. 무슨 말이냐 하면 "항상 그랬잖아. 대세에 따라." "우리 머릿수가 훨씬 많아."와 같은 생각은 진화에 역행하는 발상일 수 있다는 것입니다. 진화의 측면으로 봤을 때 0.04%의 돌연변이 검은 나방이 없었다면 급작스런 환경변화에 적응하지 못하고 종족이 다 죽을 수도 있었다는 것입니다. 즉, 0.04%의 개성 있는 돌연변이들이 때로는 종족을 살리는 아주 유용한 수단이 된다는 거죠. 참고로 이것은 저의 주장이 아니라 독일의 유명한 생물학자의 주장입니다.

테크네, 기술과 예술은 원래 하나였다

남들과 다를 수 있는 용기가 인류 진화의 원동력이 될 수 있습니다. 이 점을 명심하면서 앞으로 개성 있는 삶을 계속 시도해 보셨으면 좋겠습니다. 어떻게요? 간단합니다. 평소에 내가 다니던 길, 교통수단 있잖아요? 조금만 바꿔보세요. 그러면 새로운 길이 보이고, 새로운 사람이 보이고, 새로운 가능성이 보일지 모릅니다.

감사합니다.

밥 장 일러스트레이터, 작가
밥장프로젝트 대표
저서 〈밤의 인문학〉, 〈나는 일러스트레이터다〉, 〈내가 즐거우면 세상도 즐겁다〉

남들과 다를 수 있는 용기가

인류 진화의

원동력이 될 수 있습니다.

Talk show

경계를 뛰어넘을 때
생기는 일

MC 좋은 강연 감사드립니다. 혹시 서로의 강연에 대해서 궁금하신 점이 있으신가요?

밥장 저는 교수님이 생각하는 음악이란 무엇인지 궁금해요. 나름대로 음악을 어떻게 정의하고 있는지 궁금합니다.

여운승 핵심을 찌르는 질문인데, 딱히 답이 없습니다. 지루한 대답일수도 있겠습니다만 보통 음악을 organized sound라고 표현합니다. 그래서 어떻든 간에 소리가 조직되어 있으면 그것을 다 음악이라고 말할 수 있다고 생각하거든요. 저 같은 경우, 음악에 대해 좋게 말하면 열린 생각을 갖고 있어서, 뭐든지 소리가 나면 음악이 될 수 있다고 생각하고 있습니다. 기술과 예술의 융합 그리고 미래의 음악을 바라보면서 다양한 실험과 연구를 하고 있지만 그런 중에도 많은 고민을 하게 됩니다. 지금 당장 사람들이 친숙하게 느끼지 않고, 지금 당장 사용될 수 없다면 이것이 어떤 의미가

111

테크네, 기술과 예술은 원래 하나였다

있을까. 가장 어려운 부분 중에 하나인 것 같습니다.

MC 네, 모든 소리가 음악이 될 수 있다는 말씀이시네요. 사실은 아까 밥장 일러스트레이터님께 궁금한 게 있었는데, 돌연변이가 진화의 초석이 된다는 말씀을 하셨습니다. 그런데 모든 행동을 예술이나 개성이라고 이야기할 수는 없잖아요. 예술과 이해하지 못할 사람과의 경계 같은 게 있을까요?

밥장 누구나 이제는 경계에 대한 고민을 하고 있는 것 같아요. 그렇기 때문에 경계를 넘는 사람을 보면 더 예민해지는 것 아닐까요? 나도 저렇게 하고 싶은데 불쾌한 거죠. '누구는 못해서 그러나, 이런 이유 저런 이유 때문에 참고 안하는 거지.' 저는 경계에 대한 고민이 그만큼 우리나라의 수준이 올라가서 생기는 것이 아닌가 생각합니다. 예전에는 한 가지 일만 열심히 하다가 은퇴하지만 요즘은 내가 만족하는 일에 대한 욕심을 다들 갖고 계시잖아요.

아마 그 가장 경계에 있는 분들이 예술가들이 아닌가 생각해요. 즉, 예술은 경계를 자꾸 넓히는 거죠. "저거 뭐야?" "저 사람 왜 저런 짓을 하는 거야?" 그렇게 이해하지 못할 사람들이 경계를 넓힙니다. 저는 과격한 편이 못 되지만, 그런 분들이 우리나라에도 많이 생겼으면 좋겠어요. 또 그런 게 예술의 역할이 아닌가 싶어요.

MC 네, 그렇군요. 이번에는 청중의 질문을 받겠습니다.

질문자1 안녕하세요? 저는 산업기술진흥원에서 근무하고 있습니다. 오늘 강연의 주제가 기술과 예술의 만남이지만, 사실 강연 초반에 MC께서 말씀하신 것처럼 기술과 예술의 어원은 '테크네'로 같잖아요. 두 분이 생각하시기에 기술과 예술의 공통점은 무엇인가요?

여운승 저는 예술과 기술이 뭐가 다른지 잘 모르겠어요. 예를 들면, 어떤 소리를 만들기 위해서 저는 몹시 지루한 프로그래밍을 해야 할 때가 많습니다. 코드를 한 줄씩, 숫자를 하나씩 바꿔가면서 소리를 들어보는 작업을 하는데 그런 작업을 하면서도 제가 기술적인 일을 한다고 생각해본 적은 별로 없어요. 소리를 듣고 음악을 만드는 작업, 음악을 만드는 과정이라고 늘 생각했습니다. 그림을 그리시는 분들이 아주 미세한 붓 터치를 이용해 그림을 그리는 것이나 제가 숫자를 바꿔가면서 프로그래밍을 하는 거나 본질적으로는 다르지 않을 것 같아요.

밥장 저는 백화점 같은 데서 작업을 해요. 오픈하기 전에 인테

테크네, 기술과 예술은 원래 하나였다

저는 예술과 기술이 뭐가 다른지 잘 모르겠어요. 그림을 그리시는 분들이 아주 미세한 붓 터치를 이용해 그림을 그리는 것이나 제가 숫자를 바꿔가면서 프로그래밍을 하는 거나 본질적으로는 다르지 않을 것 같아요.

리어 할 때 벽화도 그리고 꾸미는 일을 합니다. 오픈 3일 전에 백화점에 가보신 분이 있나요? 가볼 수가 없죠. 난장판입니다. 그 와중에 헬멧과 마스크를 쓰고 그림을 그리고 있으면 뒤에서 누가 보고 있는 것이 느껴져요. 공사하시는 분들이 딱 보시다가 제 등을 쳐요. "아저씨, 기술 좋으신데요?" 역시 예술과 기술은 한 끗 차이라는 것을 느낍니다. 그런데 더 중요한 것은 그런 이야기를 들어도 기분이 안 나빠요.

MC 공사장에서 작업을 하시는 분이나 예술가나 어쩌면 한 끗 차이라는 이야기를 해주셨는데, 정말 거의 차이가 없을 수 있다는 생각이 드네요. 또 다른 질문을 해주실 분이 있나요?

질문자2 과거에는 사람들이 기술과 예술을 구분 없이 했을 것 같습니다. 그러나 점점 사회가 분화되고 인간의 지능이 발달되면서 인간 스스로 자기 전문 영역을 일부러 나누지 않았나 싶어요. 사실 우리 인간에게는 모두 예술적인 재능이나 감각이 잠재되어 있다고 생각합니다. 두 분은 본인들의 예술적 재능이 본래 타고난 재능이라고 생각하시는지, 아니면 후천적으로 학습된 재능이라고 생각하시는지 궁금합니다.

밥장 저는 그림을 서른여섯 살에 시작했어요. 그 전까지는 잘 몰랐죠. 그리고 그림을 시작했을 때 저를 많이 안다는 친구들의 반응이 딱 두 가지였어요. 첫 번째는 "되겠냐?" 하는 걱정. 또 하나는 무관심. "난 너만 보면 행복하다. 적어도 내가 너보다는 잘

테크네, 기술과 예술은 원래 하나였다

살고 있는 것 같아." 제가 친구들 자존심의 깔창 역할을 해줬죠. 그런데 요즘은 강연도 하고 책도 내고 그러니까 친구들 말이 "야, 넌 그럴 줄 알았어. 너 대학교 때부터 남달랐어." "넌 중학교 때부터 달랐어." 그 비범함이 점점 과거로 거슬러 가는 거예요. 그럼 진작 좀 이야기해주지. 그러면 제가 경제학과도 안 가고 빨리 그림을 그릴 수 있었잖아요. 이런 일들을 돌이켜보면 재능이라는 것이 사실 처음부터 발현되는 사람도 있지만, 시간이 쌓여야 되는 경우도 꽤 있는 것 같아요.

그리고 처음에 무언가 관심을 가지고 도전하는 것은 어떻게 보면 누구나 다 할 수 있는 거잖아요. 그런데 그것을 1년, 2년, 10년 꾸준히 해나가면 이야기가 달라지는 겁니다. 그래서 저는 재능이란 오래 할 수 있는 능력, 지치지 않는 능력이 포함되지 않나 생각합니다. 꾸준히 끌어낼 수 있는 시간의 힘, 그걸 견딜 수 있는 능력, 그게 저는 오히려 재능이라고 생각해요.

여운승 네, 저도 비슷한 생각이고요. 특히 오래 버틴다고 하신 부분이 공감됩니다. 생각해보면 저의 경우 기본적인 재능이 있었던 것 같기는 합니다. 그렇지만 제가 지속적으로 공부하고 연습하지 않았다면 그 재능이 이렇게까지 발현되지 않았을 것 같습니다.

제가 20대 초반의 나이였을 때 '음악을 한번 제대로 해볼까? 아니면 공부를 계속 할까?' 하는 큰 고민에 빠졌었어요. 주위 사람들에게 의견을 청하기도 했죠. 그런데 재미있는 것은 저를 적당히 아는 사람들은 '어, 그거 좋겠다. 멋있겠다. 한 번 해봐'라고 이야기를 하고, 저랑 가장 친했던 친구들은 '절대로 하지 마라. 너 그

러다 아무것도 안 된다'고 만류하더라고
요. 가까운 사람들의 만류 때문에 더
힘든 점도 있을 거예요. 결론은 어쨌
든 버텨야 한다는 겁니다.

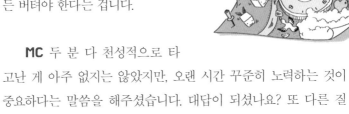

MC 두 분 다 천성적으로 타
고난 게 아주 없지는 않았지만, 오랜 시간 꾸준히 노력하는 것이
중요하다는 말씀을 해주셨습니다. 대답이 되셨나요? 또 다른 질
문을 받겠습니다.

질문자3 저의 가족과도 좀 관련이 있어서 여쭤보고 싶은 것이
있습니다. 한 분은 시각적인 일을 하시고, 한 분은 청각적인 일을
하시는데요. 보통 평범한 저희 같은 사람들은 의사전달을 할 때
언어를 사용하는데요. 두 분은 언어적인 표현의 한계에 있을 때
그 이상을 해주시는 분들이잖아요. 개인적으로 언어적 표현보다
청각적 표현이나 시각적 표현이 몇 % 정도 더 효과 있다고 생각하
시나요?

여운승 컴퓨터로 그래픽스 하시는 분이나 저처럼 음악이나 음
향 신호 다루는 분들과 이야기해보면 시각이 한 열 배 정도 더 효
과가 있다고 말합니다. 감각에 있어서 어느 것이 특별히 우월하다
아니다를 따지기 쉽지 않지만 인간이 받는 정보의 대부분은 보는
것이 많고, 따라서 시각이 확실히 더 주로 사용되는 것은 맞습니
다. 그럼에도 불구하고 보는 것만으로 채워지지 않는 부분을 소리

테크네, 기술과 예술은 원래 하나였다

미술은 공간을 채울 수 있다는
장점이 있어요.
음악은… 사람의 감정을
들었다 놨다 하는 면에 있어서는
확실히 그림보다는
음악의 힘이 훨씬 크다고 생각합니다.
두 가지가 합쳐진다면 더 좋겠죠.
우리가 영화를 사랑하는 이유가
영화 속에는 볼거리도 있고, 이야기도 있고,
음악도 있기 때문이잖아요.

가 채워주고 있지 않나 생각합니다.

언어적 표현과 비교한다면, 말투나 어조에도 미묘한 차이가 있으니까요. 그런 것들을 생각한다면 소리로도 생각보다 많은 정보를 전달하고 감정을 전달하는 것이 가능하다고 생각합니다.

MC 아까 소리도 음악이라고 하셨으니까 언어하고 크게 다르지 않겠죠. 그림은 어떨까요?

밥장 글쎄요 뭐, 미술은 공간을 채울 수 있다는 장점이 있어요. 그리고 음악은… 가을이 되면 모든 음악이 실용 음악이 된다고 하잖아요. 즉, 사람의 감정을 굉장히 들었다 났다 하는 면에 있어서는 확실히 그림보다는 음악의 힘이 훨씬 크다고 생각합니다. 두 가지가 합쳐진다면 더 좋겠죠. 우리가 영화를 사랑하는 이유가 영화 속에는 볼거리도 있고, 이야기도 있고, 음악도 있기 때문이잖아요.

질문자4 제가 볼 때, 앞에 계신 두 분은 정상인이 아니거든요. 괴짜 중에 괴짜신데, 두 분이 융합하게 되면 어떤 모습일까 궁금하더라구요. 두 분의 의견을 듣고 싶습니다.

밥장 저는 오늘 교수님을 뵙고 편안하다는 느낌을 받았어요. 사실 교수님, 하면

아무래도 좀 어렵거든요. 저는 일 이전에 친해지고 싶다는 생각이 드는 게 먼저에요. 그림을 그리는 이유도 누군가와 친해지고 싶기 때문에 그림을 그리는 것이거든요. 교수님과 친해지고 싶은 마음이 있기 때문에 함께 이야기를 나누다 보면 자연스럽게 함께할 수 있는 뭔가가 나오지 않을까 생각합니다.

MC 두 분 결합하는 거야 그리 어려울 것 같지 않은데 여기 계신 공무원 또는 기업가 분들과 함께 결합하는 것은 그리 쉽지 않을 것 같아서 질문을 하나 더 드릴게요. 괴짜 같다는 의견에 대해서는 어떤 생각이 드세요?

여운승 그래도 괴짜 정도로 봐주시면 감사하지요.

밥장 저는 의외로 평범한 사람입니다. 엑셀도 잘하고요. 견적서도 잘 쓰고 파워포인트도 잘 만들고 문서 작성도 잘하고, 행간 조절 같은 것도 잘한답니다.

MC 관객들과의 간격이 조금 당겨진 것 같네요. (웃음) 오늘 좋은 강연과 토크해주신 두 분께 정말 감사드립니다.

테크네, 기술과 예술은 원래 하나였다

영화 속
창조의 재발견

Opening
강명덕 Trio

66
상상력과 욕망은 기술을 추동하고,
반대로 기술이 상상력을 추동합니다.
99

예술이 추동하는 기술
기술이 추동하는 예술

강유정

제가 최근에 인상 깊게 봤던 영화를 잠깐 보고, 강의를 시작하겠습니다.

영화 〈그래비티〉

제가 이 영화를 보면서 매우 인상적이었던 대사가 있었는데요. 잠깐 보시면 알겠지만 우주에서 남자와 여자, 두 사람이 표류

영화 속 창조의 재발견

하게 됩니다. 그 공포를 매우 사실감 있게 보여주고 있는데요. 남자가 여자 주인공에게 왜 우주로 오게 됐냐고 물어봅니다. 그 질문을 직접적으로 하지는 않지만 여러 질문과 대화로 그걸 이끌어내죠. "어떤 직업을 가졌었지?" "의사였고 병원과 집을 오가는 삶을 살았어요." "지구에서는 이 시간에 뭘 했어?" "라디오를 들었어요." 이런 식으로. 그런데 어떤 라디오를 들었냐는 물음에 여주인공은 "사람의 목소리는 들리지 않고 음악만 나오는 라디오를 들었다"고 대답합니다. 다시 말해 이 여자는 아무도 없는 곳에 가고 싶어서 우주에 온 것이라는 거죠. 유비적인 농담이지만, 여주인공의 네 살짜리 딸이 중력 때문에 죽어요. 미끄럼틀에서 떨어져 죽고 맙니다. 결국 지구에서의 삶, 그 중력이 견딜 수 없어, 지구를 떠나왔다는 것을 상징적으로 보여주고 있는 겁니다. 그리고 마침내 소원이 이루어졌어요. 아무도 없는 곳을 혼자 떠돌게 된 거죠. 하지만 막상 그때의 느낌은 어땠을까요?

영화, 인간의 욕망을 실현하다

영화 속 장면들이 어떻게 보이나요? 정말 아름답죠. 우리가 직접 우주에 나가서 지구를 볼 수는 없지만 그런 것을 가능하게 해주는 것이 영화의 매우 큰 장점입니다. 사람들은 욕망을 갖고 있어요. 어떤 식의 욕망이든 이루어지기 힘든 것에 대한 꿈을 가지고 있는데, 영화는 여러 가지로 이런 간접체험을 할 수 있게 해준다는 거죠. 마치 내가 경험하는 듯한 착각을 주지만 위험하지 않죠. 대리만족과 간접체험을 주는 겁니다.

또 다른 의미에서 이런 간접체험도 가능하게 합니다. 영화 속 여주인공처럼 지구에서의 삶이 견딜 수 없어서 '아무도 없는 곳에 가는 것은 어떨까'라는 환상이 실현될 때, 사람들은 막연히 '좋겠지'를 넘어 그 부작용, 그러니까 혼자 남겨지는 것의 두려움까지 간접체험하게 되는 거죠. 이를 테면 이런 겁니다. 어린아이가 팔팔 끓는 물에 손을 집어넣으면 손을 못 쓰게 되지만, 아주 살짝 뜨거운 물에 데어 보면 뜨거운 물이 무섭다는 것을 알게 되는 거죠.

여러분은 언제 책이나 영화를 보시나요? 김영하 작가가 쓴 『바람이 분다』에 이런 구절이 나오는데, 참 와 닿았어요.

새로운 사람을 만난다는 건 피곤한 일이다. 만나야 할 모든 종류의 사람들을 나는 오 년 전에 다 겪어버렸다. 그 후로는 사람보다는 책이, 책보다는 음악이, 음악보다는 그림이, 그림보다는 게임이 나를 편안하게 한다.

제가 「그래비티Gravity, 2013」라는 영화를 통해 우주를 경험해보는 간접체험에 대해 말씀드렸지만, 영화를 포함한 예술은 이루지 못한 판타지를 다루고 있는 게 대부분이에요. '이루어진 사랑은 결혼사진으로 남고 이루지 못한 사랑은 대중가요 가사로 남는다'는 말도 있잖아요. 그래서 첫사랑을 떠올리던, 또는 첫사랑과 만나던 시절의 노래 가사는 꼭 머리에 남아서 가을쯤 라디오에서 그 노래가 나오면 문득 정신적 망명을 떠나 옛날로 돌아가곤 하죠.

　　　　　　　　　영화 속 창조의 재발견

첫사랑을 떠올리던,
또는 첫사랑과 만나던 시절의 노래 가사는
꼭 머리에 남아서 가을쯤 라디오에서
그 노래가 나오면 문득 정신적 망명을 떠나
옛날로 돌아가곤 하죠.
그러니까 사람들은 이루지 못한 것을
예술이나 다른 방법으로 향유를
한다는 겁니다.

그러니까 사람들은 이루지 못한 것을 예술이나 다른 방법으로 향유를 한다는 겁니다.

그 대표적인 예시가 바로 영화「건축학개론」이라고 할 수 있겠는데요. 이 영화는 멜로영화답지 않게 남성들이 좋아했던 영화죠.

실제로 이 영화는 남성 쪽에서 그려진 사랑에 가까워요. 농담처럼 몇 가지를 얘기하자면, 일단은 여자 배우가 남자 배우보다 더 예쁘거든요. 대학시절을 떠올려보면 여자들의 이상형이 남자 배우처럼 생길 순 있지만, 저렇게 촌스러운 학생은 아니었거든요. 그런데 남자들의 이상형은 꼭 영화에 등장하는 여자 배우처럼 가슴에 파일을 끼고, 무릎길이의 치마를 입고, 긴 생머리를 풀고 다니는 여학생이죠. 그리고, 사람이 6세에서 10년이 흘러서 16세가 되면 얼굴을 못 알아볼 수 있죠. 하지만 20살에서 15년이 흘러서 35에 만났는데 세상에, 수지가 한가인으로 바뀔 수 있나요? 그런데 그것에 대해 아무도 불만을 표시하는 사람은 없어요. 심지어 여자주인공은 더 예뻐졌고, 남자주인공은 조금 아쉬워졌죠. 바로 남성의 판타지에 의해 만들어진 영화라는 것을 알 수 있는 단서들이 됩니다.

이 영화의 가장 큰 주제는 제목과도 연결되듯이 집 얘기죠. 여주인공이 남주인공을 찾아와 집을 새로 지어달라고 해요. 태어나고 자랐던 제주도의 집을 깡그리 부수고 재건축을 해달라고 이야기하거든요. 근데 이 남자가 최종적으로는 증축을 해줍니다. 이건 무슨 의미일까요? 우리 인생은 35살이 지나면 재건축은 불가하고 증축만 가능해져요. 인생의 리셋이 불가능해진다는 겁니다.

재건축을 하려면 너무 큰 담보가 필요하죠. 그래서 이 영화는 심리학적으로 첫 사랑을 다시 만나보고 싶고, 인생을 다시 개축하고픈 욕망을 판타지로 풀었다고 볼 수 있습니다.

「이터널 선샤인Eternal Sunshine Of The Spotless Mind, 2004」이라는 영화 보셨나요? 이 영화의 메시지는 한 줄로 요약이 되요. 서로 사랑했던 연인이 서로가 싫어진 나머지 기억을 지워버리자는 제안을 하는 겁니다. 너무 좋아했던 사람인데, 같은 사람이 너무 싫어지는 게 사랑의 아이러니에요. 그 사람이 밥 먹는 것, 그 사람이 옷 입는 것이 좋았는데 나중에 그가 밥 먹는 게 싫고, 옷 입는 게 싫어져서 헤어지는 게 연애죠. 기억을 지워버린 연인, 결국은 어떻게 됐을까요? 서로를 다시 만나, 다시 사랑에 빠져요. 과연 우리가 말하는 사랑이라는 것, 기억이라는 것은 뭐냐는 재밌는 질문을 던져주죠. 불가능한 것들을 질문할 수 있는 문학적 자산이 바로 판타지라는 겁니다. 중요한 건 영화는 이런 것들을 이미지로도 보여준다는 거예요. 불가능한 것들을 눈앞에 보이는 것처럼 보여줘서 간접체험을 하게 만듭니다. 그런 점에서 영화의 기술이라는 것은 인간이 이뤄줄 수 없는 것, 혹은 지나갔기 때문에 되돌릴 수 없는 것에 대해 대리만족을 주는 간접체험 양식이라는 겁니다.

간접체험이라는 측면에서 예술은 중요한 복수의 매체가 되기도 합니다. 제인 오스틴이 쓴 「오만과 편견Pride and Prejudice, 1813」이라는 소설은 네 명의 딸 부잣집에서 딸들이 모두 다 시집을 잘 가는 내용이에요. 근데 왜 복수란 이름을 붙이냐면, 사실 19세기에 딸만 네 명 있는 집 딸들이 돈 많은 남자와 결혼할 가능성은 제로에 가까

영화 속 창조의 재발견

"지금 그쪽 모든 게 맘에 들어요."
"지금이야 그렇죠.
그런데, 곧 거슬려 할 테고
난 당신을 지루해 할 거예요."
"괜찮아요."
"괜찮아요?"
"괜찮아요."

영화 「이터널 선샤인」 중에서

웠거든요. 그러니까 이 소설의 내용은 당시로서는 판타지였다는 겁니다. 「제인 에어Jane Eyre,1847」라는 소설을 읽다보면 이런 구절이 나와요. 소설에서 제인 에어는 가정교사입니다. 그런데 부유한 부인들이 제인 에어를 앞에 앉혀 놓고는, '요즘 가정교사들은 주인집 남자들을 유혹한다더라' '안 볼 때 아이를 때린다더라' 하면서 마치 가정교사들은 창녀고 악마라는 식으로 욕을 합니다. 그런데 지금 우리가 소설을 읽을 때, 우리는 제인 에어라는 가정교사의 도덕적인 부분을 비난하는 것이 아니라 기득권 여성들을 오히려 비판하게 됩니다. 사람은 살 수 있는 생몰시기가 정해져 있지만, 작품은 죽지 않죠. 당시 기득권층은 이미 모두 고인이 되었지만, 그들은 작품을 통해서 후대에게 계속 비판받는 겁니다. 그게 바로 예술이 가지고 있는 간접체험의 굉장히 큰 효과 중의 하나에요. 그런 의미에서 예술은 중요한 복수의 매체가 된다는 겁니다.

영화 「아델 H 이야기The Story Of Adele H, 1975」의 아델은 빅토르 위고의 딸입니다. 소문에 의하면 빅토르 위고가 『레미제라블Les Miserables, 1862』을 쓴 이유이기도 해요. 왜냐하면 아델 위고가 레미제라블에 나오는 여성, 팡틴처럼 굉장히 비극적인 삶을 살다가 정신병원에 갇혀서 죽거든요. 많은 전문가들이 빅토르 위고가 자신의 딸에 대한 속죄의 기분으로 팡틴이란 인물을 그렇게 열심히 묘사했다고 이야기하기도 합니다. 이러한 작품들이 의미하는 것이 무엇일까요? 많은 예술 매체들은 현실에서 불가능한 것들을 계속해서 복구하고 싶고 그 피해를 줄이고 싶어 하는 바람들의 간접 체험, 간접 실현이라는 겁니다.

영화 속 창조의 재발견

"내가 했던 그 모든 것은 다 당신을 위한 것이었소.

사랑하고, 사랑하고, 또 사랑하오."

영화 「오만과 편견」 중에서

영화라는 기술을 통한 간접체험, 그리고 창의

「안나 카레리나_{Anna Karenina, 2012}」라는 영화의 한 장면입니다. 여주인공이 모스크바에서 브론스키라는 남자를 만나게 되고, 일탈하고 싶은 욕망이 가득해집니다. 그래서 기차를 타자마자 소설책을 읽기 시작합니다. 그런데 자신의 실제 체험이 너무 강렬하니까 책이 눈에 안 들어오는 거예요. 진짜 브론스키를 만나고 싶은 욕망이 너무 강하니까. 직접체험의 욕구가 강렬해

©youtube-ANNA KARENINA Official Trailer (2012) Keira Knightley, Jude Law

지면, 책은 한 줄도 안 읽혀요. 근데 반대로 영화는 어떤가요? 아무리 마음이 멀리 가 있어도 한 시간 반이면 대략적으로 몰입이 가능해집니다. 아주 재밌는 차이죠. 그래서 책보다 영화가 현실의 중력을 잊고 도망가기가 쉬워요. 왜냐하면 영화는 눈과 귀 모두를 자극하는 상당히 다감각적인 매체이기 때문입니다. 기술의 발전으로 영화는 점점 더 간접체험으로서의 영향을 키워간다는 거죠. SF영화나 블록버스터 영화들을 보면 우리가 이루고 싶은 간접체험의 양식들이 극대화되어 있는 것들이 많아요. 3D, 4D 기술을 이용한 영화들은 더욱더 실감나는 간접체험을 가능하게 해주죠.

최초의 영화는 기차의 도착이라는 영화입니다. 지금 우리가 보면 너무 지루한 영화인데요. 당시 사람들이 이걸 보고 기차가 진짜로 들어오는 줄 알고 매우 놀랐다는 겁니다. 우리가 지금 3D

영화 속 창조의 재발견

영화를 볼 때 느끼는 감각적 느낌과 유사하겠죠. 기차가 상징적인 의미를 띄고 있다든지 감동적인 스토리가 있다든지 하는 것이 아니라 단순히 영화라는 기술에 대해 굉장한 매력을 느낀 거죠. 영화의 기술은 이 간접 체험의 밀도와 감수성의 예민도를 높이는 방향으로 발전해 왔습니다. 그런데 영화 기술의 발전과 함께 진짜 나는 듯하고 진짜 추락하는 듯한 감각을 제공하는 3D영화들이 쏟아져 나왔지만, 생각보다 만족도가 높지 못한 영화들이 많습니다. 도리어 극대화되고 빈번한 기술들은 없어도 인간이 해볼 수 없는 영적 체험의 분위기를 사실적인 영상을 통해 체험했을 때, 또는 존재론적 질문을 영화적 기술을 통해 재현했을 때 사람들은 이게 바로 영화적 기술이 인간의 삶과 접속되는 부분이라고 인정하는 거죠.

결국 기술이라는 것은 단순히 인간에게 놀라움을 주고 사실과 똑같다는 착각을 주고 경이감을 주는 어떤 매체가 아니라는 것입니다. 인간이 아주 오래전부터 갖고 있었던 인문학적 궁금함, 철학적 궁금함, 존재론적 궁금함이 기술과 맞물려서 간접체험으로 다가올 때 그걸 진짜 기술이 우리에게 주는 굉장한 혜택으로 많이 느낀다는 얘기죠. 비상이나 활강의 감각만이 아닌, 삶의 문제나 간접적 체험으로서의 예술을 보여줬을 때 사람들은 기술이 올바르게 쓰였다고 느낍니다.

실제로 영화 「그래비티」에서는 우주에서 유영하는 느낌을 사실감 있게 표현하기 위해서 '라이트박스'라는 영화적 기술을 도입했습니다. 그 기술이 있었기에 영화의 감각적 표현의 사실감이 훨씬 높아졌죠. 그러나 그것이 단순히 우주를 떠돌아다니는 느낌

최초의 영화, 기차의 도착

의 사실감만을 높이기 위함이었다면 그 기술은 의미가 없다는 겁
니다. 기술이 인간의 존재론적 질문과 대답에 연결되지 않으면 사
람들은 '기술뿐이야'라고 실망하기 쉽죠. 그러니까 상상력과 욕
망은 기술을 추동하고, 반대로 기술이 상상력을 추동하기도 하
는 상호보완적 관계입니다. 3D라는 기술이 나온 다음에 그 기술
에 걸맞은 작품들이 나오기 시작했잖아요. 인문학이라는 건 삶
과 죽음 사이에 놓여있는 여러 가지의 자문들인데, 기술은 이것
과 동떨어진 이야기가 아니라 이런 질문을 오히려 이어가고 각성
하게 하는 역할을 해준다는 겁니다.

영화 속 창조의 재발견

숭고의 체험을 극복하려는 노력, 기술

칸트는 숭고라는 체험에 대해서 이렇게 이야기했다고 합니다. 나이아가라 폭포나 이구아수 같은 폭포를 보면 너무 멋있어서 공포가 밀려올 정도잖아요. 자연이 만들어낸 폭력적 실체, 자연이 만들어낸 인간이 따라할 수 없는 대단한 것에 대해 느끼는 감정이 숭고라는 거죠. 이 숭고는 공포를 동반합니다. 가령 쓰나미 같은 현상을 봤을 때 자연이 어떻게 인간의 삶을 한 번에 뒤바꿀 수 있는지 경험하게 되고, 거기서 느끼는 두려움이 숭고라는 겁니다. 중요한 것은 칸트는 그것을 미와 분리했다는 것입니다. 자연이 만들어낸 것이 숭고라면 인간이 만들어 낸 것은 미입니다. 그렇다면 모든 기술은 숭고를 미로써 재현하려고 하는 매체들이라는 이야기가 됩니다. 자연이 만들어내는 것, 그 아름다움의 공포를 이기기 위해 만들어진 간접체험의 양식이라는 거죠.

칸트는 자신의 숭고 체험을 설명하기 위해서 터너의 「Fisherman at sea」라는 그림을 예로 들었어요. 망망대해에 떠 있는 인물의 그림. 이 그림에서 망망대해는 바로 숭고의 예시이고, 그것을 극복하고자 하는 노력인 그림이 미의 예시가 되겠지요. 그 당시에는 그림 또한 기술이었습니다. 숭고를 간접체험하게 하고 미를 만들어내는 것이 기술이라고 말씀드리며, 강의를 맺겠습니다.

강유정 **강남대 국어국문학과 교수**
고려대 국어국문학 박사 • 고려대 한국어문교육연구소 연구교수
2005년 조선일보, 경향신문, 동아일보 신춘문예 당선 • 민음사 〈세계의 문학〉 편집위원
EBS '시네마 천국' 진행 • KBS '박은영, 강유정의 무비부비', '책 읽는 영화관' 진행
저서 〈스무살 영화관〉, 〈오이디푸스의 숲〉 등

터너의 작품에서 배들은
폭풍우로 뒤덮이고 석양 속에 파묻힌다.
터너는 폭풍우 치는 바다를 자세히 보려고
돛대 꼭대기에 자기 몸을 묶었다고 한다.
그는 진정 무엇을 보려했을까?

이지훈, '바다의 기술:숭고·터너·오디세우스'

우리는 기술을 연구함과 동시에
인문학적인 부분들까지 함께 논의해야 합니다.

바이오테크놀로지
영화가 현실이 되다

박태현

영화로 엿보는 미래

제가 아주 어렸을 때, 그러니까 불과 50년 전 우리나라의 국민소득은 79불이었습니다. 그런데 2010년에 우리나라의 국민소득은 거의 3만 불 근처까지 올라갔습니다. 드라마틱한 발전을 한 것이죠. 50년 전 당시의 대학 진학률은 5%에 불과했지만, 현재는 79%에 달하지요. 여기 젊으신 분들은 우리나라가 잘 살고 난 다음에 태어나서 우리나라가 처음부터 잘 살았다고 생각하실지 모르지만 좀 연세가 있으신 분들은 옛날의 그 격동기를 기억하고 계실 겁니다. 국민소득 79불이 의미하는 것은 세계 최빈국이었습니다. 그렇게 전 세계의 원조를 받던 나라가 이제 원조를 주는 나라로 바뀐 것은 전 세계를 통틀어 유일합니다.

이 사진이 바로 50년 전 우리나라의 모습입니다. 음식을 배급받으려고 줄 서 있는 모습인데요. 50년 전 우리는 어떻게 하면 생명을 유지할까, 하루하루를 걱정하며 지냈습니다. 그런데 요즘

영화 속 창조의 재발견

ⓒ 'AP통신이 본 격동기 서울' 특별전시.
대한민국 서울역사박물관

은 어떤가요? 배가 고파서 걱정하기보다 배가 불러서 걱정하죠.
그렇다면 10년 혹은 20년 후의 우리 모습은 어떨까요?

영화 「아일랜드The Island, 2005」의 한
장면에서 그 실마리를 찾을 수 있을
것 같은데요. 주인공이 아침에 일어
나서 화장실로 갑니다. 소변을 보는
데, 그것이 스크리닝 되어서 그날의
건강상태를 체크해줍니다. 나트륨
이 많은데 영양사에게 조언을 받으
라는 문구가 나오죠. 오늘의 건강을
체크하고 나면 그날 날씨에 맞는 옷
이나 신발이 저절로 지급됩니다. 어
떠세요? 이것이 미래 사회에서 하루
의 시작이 될 수 있습니다.

ⓒyoutube
The Island
Movie Trailer

그러면 미래 사회에서 인생의 시작은 어떨까요? 영화 「가타카「Gattaca, 1997」가 그리고 있는 세상은 미래에 유전자를 마음대로 조절할 수 있는 때가 도래해서 선별된 유전자로 아기를 조작해서 태어나게 하는 모습을 그리고 있습니다. 지금은 돈, 학벌 이런 것으로 차별을 받는데, 이때는 유전자로 차별을 받게 됩니다. 자, 일생의 시작을 한 번 볼까요?

©youtube-
Gattaca 1997
Movie Trailer

아기가 태어나자마자 발에서 피 한 방울을 뽑습니다. 그 피에서 DNA를 추출하여 분석한 다음 이 아기의 일평생을 예측하는 겁니다. 지금 태어난 아기는 매우 열등한 인간으로 대표되는데요. 부모가 무책임하게 자동차 뒷좌석에서 저지른 불장난으로 인해 자유방임적으로 태어난 아이거든요. 이야기를 계속 이어가자면, 태어나자마자 뽑아낸 피를 가지고 DNA 분석을 해서 사망 시간까지 예견합니다. 아기의 수명이 30년 밖에 되지 않는다는 이야기를 듣고 아버지가 망연자실하는 장면이 나옵니다. 아기가 태어나서 기뻐해야할 시간에 너무 많은 비밀을 알게 되는 겁니다. 그런데 이것이 먼 미래의 일이 아니라 지금 현실적으로 이루어지고 있는 이야기입니다.

영화, 현실이 되다

이것을 Human Genome Project라고 합니다. 컴퓨터는 0과

영화 속 창조의 재발견

1의 2진법을 사용해서 정보를 저장하는데, DNA는 알파벳 A, T, G, C로 표시되는 4진법을 사용해서 정보를 저장합니다. A, T, G, C가 어떤 순서로 나오느냐가 DNA가 가진 정보라는 겁니다. 그러니까 순서가 중요한 거예요. 인간 DNA는 A, T, G, C로 이루어진 30억 개의 순열을 가지고 있습니다. 이 30억 개의 순서를 읽는 것이 Human Genome Project입니다.

지금 이 사진은 2000년 6월 26일 클린턴 대통령이 자랑스럽게 백악관에서 연설을 하는 장면입니다. 양쪽에 크레이그 벤터 J. Craig Venter 라는 사람과 프랜시스 콜린스라는 두 과학자가 보이죠. 한 사람은 공공기관에서 연구를 이끌었던 사람이고 한 사람은 기업에서 연구를 이끌었던 사람인데, 서로 치열한 경쟁을 했기 때문에 두 사람 사이가 좋지 않았어요. 이 프로젝트를 위해서 화해시키느라 로비도 많이 했다고 하는데요. 그 두 사람을 양 옆에 세우고 클린턴 대통령이 자랑스럽게 백악관에서 연설을 하는 장면입니다. 동시에 영국에서는 토니 블레어 영국 수상이 다우닝가 10번지에서 전 세계에 생방송으로 이 결과를 발표합니다. 이 프로젝트는 미국만 단독으로 진행한 것이 아니었거든요. 당시 연설문의 문구가 자못 감동적입니다.

"오늘, 우리는 조물주가 생명을 창조할 때 사용하였던 바로 그 언어를 배우고 있습니다. Today, we are learning the language in which god created life."

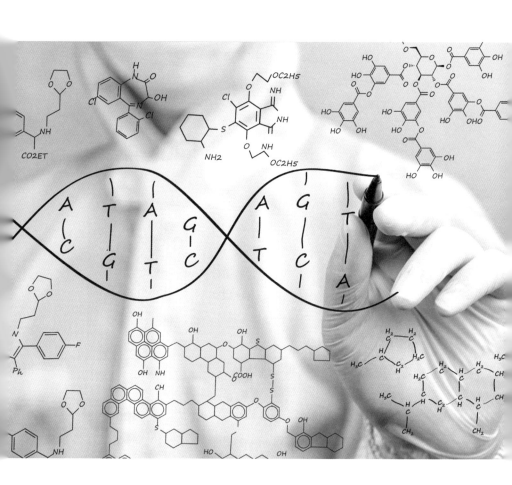

발표를 할 당시 프로젝트가 95%정도 끝난 상황이었습니다. 당시에는 인간 한 명의 DNA 서열 30억 개를 읽는 데에 10년이 걸렸습니다. 그리고 비용은 3조원이 들었죠. DNA를 읽기 위해서 3조원을 지급하실 분이 있나요? 없죠. 그래서 아까 클린턴 대통령 옆에 서 있었던 크레이그 벤터는 2002년 12월 2일 학술대회를 개최하면서 '유전 코드 판독 기술의 미래 : 1,000달러 지놈을 향하여'라는 주제를 내걸었습니다. 1,000달러라면 한 100만 원 정도 되는 거죠. 그러면 여러분들도 '한 번 해볼까' 하는 생각이 드시죠? 이제 이 프로젝트가 우리 가시권에 들어온 겁니다.

그래서 열심히 연구한 끝에 2000년에 3조원과 10년이란 시간을 투자해야 가능했던 것이 7년 뒤에는 10억 원과 몇 개월로 비용과 시간이 줄었고, 2009년에는 그것이 500만 원 정도까지 비용이 줄어들었습니다. 현재는 유전자 판독 기간도 단축되어서 몇 주면 끝납니다. 이렇게 되니까 관련 비즈니스들이 생기기 시작합니다.

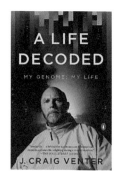

다시 영화로 돌아가 볼까요? 영화 「가타카」에는 이런 장면도 나옵니다. 어떤 여성이 DNA를 분석해주는 창구에 입술을 들이밀고는 방금 남자친구와 키스를 했는데 자신의 입술에 남아있는 남자친구의 입술세포로 남자친구가 몇 점짜리 신랑감인지 분석해달라고 요구합니다. 그 뒤에 있는 또 다른 여성은 남자친구의 머리카락을 주워 와서 DNA를 분석해달라고 의뢰합니다. 10점 만점에 9.3점. 점수까지 매겨서 분석을 해주지요. 설마 이런 일이 가능하겠냐구요? 이런 이야기는 결코 영화 속의 이야기만은 아닙니다. 현재 미국에서는 디코드미deCODEme 즉, '나를 해독해주세요.'라는 뜻의 회사와 Navigation과 Genetics의 합성어로 만든 내비제닉스Navigenics, 그리고 인간 염색체 개수 23쌍을 모티브로 만든 회사 23앤드미23andMe 등 실제로 DNA를 읽어주는 기업들이 많이 생겨나고 있습니다. 23앤드미 같은 경우, 이제 99불만 지급하면 DNA를 읽을 수 있다고 홍보합니다.

아까 '1,000불 지놈을 향하여'라는 목표를 이야기 했었는데, 99불이면 이미 그 목표를 달성하고도 남은 것 같이 생각이 되시지요? 그런데 여기서 이야기하는 99불의 의미는 아까 이야기한 1,000불의 의미와는 조금 다릅니다. 1,000불이라는 의미는 그 비용으로 DNA 서열 30억 개를 다 읽는다는 것입니다. 그런데 30억 개를 다 읽어봤자 현재로서는 그 의미를 모르는 게 대부분이

영화 속 창조의 재발견

죠. 청사진만 그렸지 그 속의 의미까지 파악하지는 못한다는 겁니다. DNA가 한 올의 실 가닥 같은 거라면 그것이 감겨있는 실패 같은 것이 염색체입니다. 그런데 30억 개의 실 가닥을 다 읽는다고 해도 그 의미를 파악하는 기술이 발달되지 않았기 때문에, 30억 개를 다 읽지 않고 현재까지 의미가 밝혀진 극소수의 DNA서열만 읽어서 필요한 정보를 알려준다는 것이 바로 23앤드미의 99불이 의미하는 바입니다.

이게 뭐하는 장면인 것 같아요? 네, 침 뱉는 장면입니다. 23앤드미라는 회사에서 자기네 회사 홍보를 위해서 뉴욕에서 침 뱉기 파티를 열었습니다. 유명 인사들을 불러서 나눠준 튜브에 침을 뱉게 하는 겁니다. 그러면 이 튜브는 유전자 분석 회사로 배송됩니다. 회사에서는 도착한 침 속의 볼 세포에서 DNA를 분리하여 유전코드를 판독하는 겁니다. 그래서 '당신은 어떤 질병의 가능성이 있고, 이런 질병이 있기 때문에 이런 약을 드십시오.'라고 서비스를 해주는 거죠. 분석을 완료했다고 통보를 하면 회사에 올 필요도 없이 웹으로 접속해서 유전정보를 확인하는 겁니다.

그리고 그것으로 끝나는 것이 아니라 유전자의 의미를 파악하는 기술이 업그레이드될 때마다 개인의 유전정보도 지속적으로 업데이트 시켜줍니다. 우리 휴대폰에 어플리케이션이 때가 되면 업데이트하라고 알람이 울리듯이 어느 날 '딩동'하고 울리는 겁니다. 그때 웹에 접속해보면 내 유전자에 대해 몰랐던 새로운 사실이 밝혀져 있는 거죠. 얼마나 획기적인 일인가요? 이 유전정보서비스는 2008년 타임지가 선정한 올해의 발명품으로 선정되기까지 했습니다. 참고로 2006년에는 YouTube, 2007년에는 아이폰이 선정되었습니다.

기술의 발달, 명과 암

물론 이런 서비스에는 긍정적인 측면과 부정적인 측면이 있죠. 우선 질병을 예측하고 대비가 가능하며, 유전병을 대비할 수 있는 긍정적인 측면이 있습니다. 안젤리나 졸리의 유방 절제술이 하나의 예가 될 수 있는데요. 2013년 안젤리나 졸리라는 헐리웃 여배우가 양쪽의 유방을 절제하는 수술을 합니다. 왜 멀쩡한 유방을 잘라내나 했더니 유전자 조사를 통해 유방암에 걸릴 확률 87%에 달한다는 사실을 알고 미리 대비를 한 것이었습니다. 유전자라는 것은 DNA의 의미 있는 부분을 일컫는데, 브라카라는 이름을 갖고 있는 유전자에 돌연변이가 일어나면 5명 중에 4명이 유방암에 걸린다는 겁니다. 이 유전자 변이를 안젤리나 졸리가 갖고 있었던 것이죠. 이처럼 질병을 미연에 방지할 수 있다는 점이 유전정보서비스의 긍정적인 측면이 되겠습니다.

그런데 한편으로는 앞서 보여드렸던 영화를 통해 알 수 있듯이 유전정보서비스로 인해 유전자 차별이 일어날 위험도 있습니다. 앞으로 결혼할 때 건강증명서 대신 유전자정보를 달라고 하게 될 겁니다. 회사에서 사원을 뽑을 때도 1차 면접, 2차 실무 테스트 다 필요 없이 '여기 침 뱉고 가세요. 분석 후 통보하겠습니다.' 이렇게 되는 거예요.

영화 「가타카」에서도 그런 장면이 등장하는데요. 이 영화 속 주인공의 꿈이 우주비행사입니다. 그런데 주인공은 자연적으로 태어난 아이라 유전자가 나빠서 우주항공사에 취직할 수 없는 겁니다. 그 회사에 들어갈 수 있는 유일한 길은 청소부로 입사하는 것 밖에는 없죠. 먼발치에서 자신을 꿈을 바라보기만 하던 주인공은 브로커를 통해 훌륭한 유전자 ID를 사서 다른 사람 행세를 하기 시작합니다. 매일 아침 회사에 출근할 때마다 본인의 진짜 신분이 노출되지 않도록 머리카락이나 침이 떨어지지 않도록 늘 조심하고, 불심검문에 통과할 수 있도록 매일 신선한 소변 샘플과 혈액 샘플을 브로커로부터 공급받습니다. 주인공은 이렇게 도용한 유전자 신분을 가지고 자신이 꿈꾸던 우주비행사로 성공을 합니다.

어떠세요? 이런 세상에서 유전자 차별을 겪는 걸 상상만 해도 싫죠. 세상에 없던 기술이 생김으로 인해 새로운 걱정거리들도 타나납니다. 2007년 BBC 뉴스에 이런 기사가 보도된 적이 있습니다. 캐나다의 변호사인 30대 여성이 딸을 낳았는데, 그 딸에

유전정보서비스는
질병을 예측하고 대비가 가능하며,
유전병을 대비할 수 있는
긍정적인 측면이 있습니다.

우리는 기술을 연구함과 동시에

윤리적인, 사회과학적인, 인문학적인 부분들까지

함께 논의해야 합니다.

게 유전적인 문제가 있어서 임신을 할 수 없는 상황이 되었습니다. 그래서 엄마가 딸을 걱정한 나머지, 자신의 난자를 훗날 딸이 임신을 원할 때 사용할 수 있도록 얼려놓았습니다. 그런데 이 딸이 성장해서 엄마의 난자를 사용해 아기를 낳으면 윤리적인 문제가 발생하게 되죠. 자기의 자식이라기보다 형제가 되는 겁니다. 자신도 엄마의 난자에서 만들어진 거니까요. 또 하나의 문제는 딸의 남편 같은 경우 장모님의 난자를 갖고 아기를 낳은 것이 되죠. 그러니까 우리가 상상하지 못하는 윤리적인 문제가 이런 기술에 포함되어 있는 겁니다.

그러니까 우리는 기술을 연구함과 동시에 윤리적인, 사회과학적인, 인문학적인 부분들까지 함께 논의해야 합니다. 기술의 진보와 예상치 못한 문제 상황을 가상으로 체험하고 여러 시사점을 던져주는 것이 영화와 같은 예술이 기술에 주는 좋은 영향이 아닐까요? 이상으로 강연을 마치겠습니다. 감사합니다.

박태현 서울대 화학생물공학부 교수
차세대융합기술연구원 원장
서울대 바이오공학연구소 소장
저서 〈생명과학 교과서는 살아 있다〉, 〈뇌약구체〉 등

Talk show

기술과 허구가 만나
판타지가 되다

MC 과연 기술과 인문의 만남이 영화에서 또는 현실에서 어떻게 이루어지고 있는지 이야기를 좀 더 나눠보도록 하겠습니다.

박태현 제가 강연에서 몇 개의 영화를 보여드렸는데, 바이오기술 분야가 우리 몸과 매우 밀접해서 윤리적인 문제도 항상 동반되는데요. 영화에서 이런 부분들을 다룰 때, 오히려 너무 앞서 걱정한 나머지 문제나 두려움을 만드는 것은 아닌가 하는 생각도 듭니다. 이런 것들을 영화화하는 것에 대해 전문가의 의견을 듣고 싶습니다. 강 교수님께서는 어떻게 생각하십니까?

강유정 아까 교수님께서 보여주신 자료 중에 엄마의 난자로 딸이 임신을 하는 경우가 있었잖아요. 그걸 보니까 저는 아주 오래된 신화 속의 오이디푸스가 생각나는 거예요. 오이디푸스가 실은 신탁을 받잖아요. 그것은 과학기술을 통한 것은 아니지만, 동생인지 아들인지 모르는 아이를 낳는 결론은 같은 거예요. 그러니

영화 속 창조의 재발견

까 참 재미있다는 생각이 들었어요. 어떻게 보면 인간이 고민하는 것이 무엇이 이유가 되었건 유사하기도 하고… 오이디푸스 신화를 보면 오이디푸스는 매우 똑똑한 남자로 그려집니다. 그 지역에서 가장 똑똑한 남자가 저지르는 실수와 스스로 추방자가 되어 길을 떠나는 오이디푸스 신화의 결론이 제 답이자 질문입니다. 많은 영화를 보면 선지적인 과학자들이 추방자가 되는 경우가 많은데요. 오히려 교수님께 영화 속 선지적인 과학자들이 그렇게 묘사되는 것에 대한 속상함은 없으실지 궁금합니다.

박태현 부정적으로 그린 영화도 있고 긍정적으로 그린 영화도 있고, 그것은 만드는 사람들이 느낀 것이니까 할 수 없지요. 그런데 신화를 말씀하시니까 생각난 것이, 한 그리스로마 신화에 이런 이야기가 나옵니다. 매우 가난한 집에서 아내가 임신을 하는데, 남편은 아내 뱃속에 있는 아이가 남자아이가 아니면 그 아이를 죽이겠다고 선언을 한 겁니다. 그런데 낳고 보니 여자아이였고, 아내는 이 사실을 숨긴 채 딸을 아들처럼 꾸며서 키웁니다. 그런데 이 남장 여자가 커서 한 여자와 사랑에 빠져요. 그래서 신전에 가서 엄

마와 함께 신에게 간절히 빕니다. 그러자 정상적인 남자로 변하고, 결국 사랑하는 여자와 결혼을 하게 되는데요.

이게 신화 속의 이상한 이야기 같지만, 태어날 때 여성으로 태어난 사람이 사춘기를 지나면서 남성으로 변하는 유전적인 문제가 있는 경우가 실제로 있습니다. 카리브 해 연안의 어떤 부족에서는 그게 매우 빈번하게 나타난다는 보고도 있죠. 그러니까 낳을 때 딸이더라도 키워봐야 아는 겁니다. 신화에 등장하는 인간의 고민과 갈등들이 얼토당토않다는 생각을 할 수 있는데, 사실 그렇지 않을 수도 있다는 것이죠.

MC 네, 모든 것이 과학기술의 책임은 아니군요. 저는 궁금한 것이, 과학영화나 공상영화를 보다보면 과학자들과 감독이 치열한 대립을 이루는 경우가 있잖아요. 아까 휴먼 지놈 프로젝트를 말씀하셨는데, 그것을 영화화하는 경우 과학자는 정확한 DNA정보와 나열을 보여줘야 한다고 생각할 테고, 감독은 감동을 전하는 데 문제가 없기 때문에 그렇게까지 할 필요는 없다고 생각할 것 같아요. 두 분의 생각은 어떠세요?

강유정 글쎄, 결국 영화는 허구의 영역이잖아요. 아마 감독이

영화 속 창조의 재발견

단순히
눈요깃거리 영화를
만들기 위해
정확하지 않은
기술을 남용하는 것은
옳지 않다고
생각합니다.

이야기하고 싶은 것은 그런 부분일 거예요. 일단, 전문적 영역의 허구화에 대해 전문가들은 결코 만족할 수 없다는 것이 전제인 것 같아요. 그러나 반드시 하고 싶은 이야기가 있는 경우에 정확히 전문적 지식을 전달하지 않아도 괜찮다고 생각해요. 하지만 단순히 눈요깃거리 영화를 만들기 위해 정확하지 않은 기술을 남용하는 것이라면 오히려 전문가가 감독과 투철하게 싸워야 하지 않을까 생각합니다.

박태현 네, 저도 비슷한 생각입니다. 제가 책을 몇 권 썼는데요. 하루는 서점에 진열되어 있는 제 책 앞에 서서 누가 내 책을 사갈까 기대하며 기다리는데, 아무도 제 책을 들춰보지도 않는 거예요. 그래서 눈을 들어 서점을 둘러보니까 책이 수천 권이 있는 거예요. 그래서 어떻게 하면 많은 사람들에게 과학기술을 전수할 수 있을까? 어떻게 하면 많은 사람들이 관심을 가질 수 있을까? 고민을 해봤는데, 책을 쓰는 것도 한 방법이지만, 영화나 드라마를 만드는 것이 더 좋을 것 같더라구요. 저는 디테일한 것까지 전문적으로 다룰 필요 없이 과학기술에 관심을 가질만한 메시지가 들어가도 괜찮다고 생각합니다. 실제와는 좀 다르더라도 대중에게 강렬하게 다가갈 수 있는 것이 영화나 드라마의 속성이잖아요.

MC 네, 이제는 객석으로부터 질문을 받아보겠습니다.

질문자1 아까 강 교수님께서 서른다섯 이후에는 인생의 재건축이 힘들고 증축만 가능하다고 하셨는데, 저는 재건축을 성공한 사람 중 한 명입니다. 제가 사업을 하다가 모든 것을 다 잃고 새롭게 재기하는 과정에 있는데요. 아까 강연을 들으면서 궁금했던 것이, 기억을 지울 수 있는 기술이 없다고 하셨잖아요. 그런데 제가 생각하기에는 한 가지 방법이 있는 것 같아요. 물론 100%는 안 되겠지만 과거에 연연하지 않도록 현재에 집중하는 정신력을 발휘하는 겁니다. 그만큼 우리의 인식이나 마인드가 기술만큼이나 중요하다는 생각이 드는데요. 이런 부분에 영화 또는 문학이 갖는 영향력이나 효과가 있을까요?

강유정 일단 판타지를 이루셨다니까 감사드려요. 왜냐하면 신데렐라가 결혼에 성공을 못 했으면 수많은 신데렐라 판타지가 안 생기거든요. 누군가는 판타지를 이루어줘야 그 판타지가 유지됩니다. 절대 불가능한 이야기는 오히려 힘이 없다고 생각합니다.

두 번째 질문은, 사실 문학적인 질문인데요. 문학 또는 영화에는 판타지도 있지만 방금 말씀하신 과거 재구성이라는 능력도

있어요. 대표적인 예가 이언 매큐언Ian McEwan이라는 작가가 쓴 『속죄』란 소설인데, 「어톤먼트」라는 영화로 만들어지기도 했죠. 속죄하고 싶은데, 용서해줄 사람이 죽어버린 거예요. 그래서 결국 글을 쓰게 되고, 그 이야기 속에서 속죄를 하거든요. 화석화된 과거의 이야기를 바꾸고자 하는 것도 사람의 큰 욕망인데, 그런 것들을 가능하게 해주는 게 문학이나 영

화의 역할이라고 생각합니다. 영화 「관
상」 같은 경우도 결국 계유정난은 성공
하지만 그 부분에 대해 어떻게든 바꿔
보고 싶은 욕망이 영화에 투영되어 있
는 거잖아요.

박태현 질문을 들으면서 생각난 것이 있어요. 실제로 기억에
관련된 영화들이 몇 편 있는데, 그 중에 「페이첵Paycheck, 2003」이라는
영화가 있습니다. 이 영화에는 매우 전문적인 기술을 다루는 기관
에서 일하는 사람이 나오는데, 그가 일했던 기관에서 정보가 유
출될까봐 그 사람의 기억을 지워버립니다. 인간의 신경 세포와 신
경 세포 사이에 시냅스라는 공간이 있는데, 우리의 기억은 그곳에
저장된다고 해요. 그래서 영화 속에서는 그 부분을 레이저 건으로
쏘아서 기억을 지워버립니다. 단순히 영화 속 판타지 같지만, 실제
로 최근에 존스 홉킨스에서 기억을 지우는 기술이 발표됐습니다.
아직 기술적으로 갈 길이 멀긴 하지만, 우리가 원하는 기억을 지
우는 것도 기술적으로 가능한 날이 곧 도래할 겁니다.

질문자2 기억을 지울 수 있다면 기억을 입력시킬 수도 있지 않
을까요? 지식을 입력할 수 있는 기술이 탄생할 가능성이 있을까
요?

박태현 네, 있습니다. 컴퓨터에는 하드디스크도 있지만 메
모리스틱도 있잖아요. 현재 개발하고 있는 기술 중에 Brain-

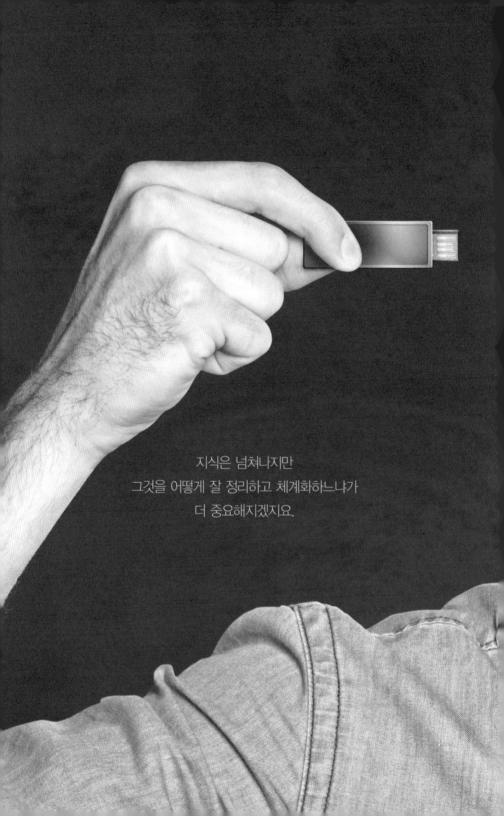

지식은 넘쳐나지만
그것을 어떻게 잘 정리하고 체계화하느냐가
더 중요해지겠지요.

Computer Interface 라는 것이 있습니다. 뇌와 컴퓨터를 연결하는 거죠. 우리가 알고자 하는 지식들을 직접 뇌에 주입할 필요 없이, 메모리 스틱에다 입력해 이를 뇌와 연결만 해주면 시험공부를 안 해도 정답이 줄줄 나오는 거죠.

제 후배 교수 중에 하나는 컴퓨터를 등에 달고 살아요. 마치 거북이집 같이 외국 출장을 가면 배낭에 어김없이 컴퓨터를 매고 옵니다. 그러다 궁금한 것이 생기면 바로바로 검색을 하는 거예요. 그런데 앞으로는 컴퓨터를 꺼내서 두드리지 않아도 칩을 머리에 하나 꽂으면 훤히 모든 내용이 보이는 거죠.

질문자3 과학기술이 계속 발전을 하면 직업도 많이 바뀔 것 같아요. 교수님이 말씀하신 지식을 이동식으로 갖고 다니고 칩으로 연결할 수 있는 세상이 온다면 앞으로 직업은 어떻게 바뀔까요?

박태현 지식은 넘쳐나지만 그것을 어떻게 잘 정리하고 체계화하느냐가 더 중요해지겠지요. 그래서 최근 회자되는 키워드 중에 '빅 데이터'라는 것이 있습니다. 널려 있는 데이터를 어떻게 잘 정리해내서 이를 산업과 연관시키는 연구 분야가 생기는 거예요. 수많은 지식이나 정보를 알 수는 없으니까요. 때문에 많이 아는 것보다 다각적인 시각과 여러 경험을 통해 지식과 정보를 시각화 하고 체계화하는 창의력을 발휘하는 것이 앞으로 더 중요해질 것이라고 생각합니다.

강유정 케빈 켈리가 한 말 중에 digital native란 말이 있더라고요. 우리 여기 있는 모든 사람들은 일단 digital native가 아닌 거예요. 근데 왜 아기들 보면 진짜 native같이 하잖아요. 가르쳐주지 않아도 비밀번호 풀고, 잠금 해제하고. 아마 그 친구들이 많은 영역을, 우리가 생각지도 못한 직업 영역들을 만들어내지 않을까, 하는 생각이 들고 저도 박 교수님과 똑같은 생각을 했어요. 이를테면 데이터 크리에이터죠. 미래에는 크리에이터가 반드시 필요할 것이라는 생각이 듭니다.

MC 이야기 들다보니 시간가는 줄 모르겠네요. 두 분께 감사의 박수를 보내면서 콘서트 마무리하겠습니다.

영화 속 창조의 재발견

CHAPTER 4

구해줘,
로봇!

Opening
리듬과 탭댄스의 융합,
사운드 박스

66

김장이라는 전통문화가 지속될 수 있는 것은
김치냉장고라는 기술 덕분입니다.

99

김치는 산업
김장은 문화

주영하

　　안녕하십니까? 주영하입니다. 사회자가 저를 음식인문학자라고 소개해주셨는데, 그러고 보니 저는 이미 융합형 인간이 되어 있는 듯합니다. 학문적으로 음식은 식품학이나 농학에서 다루죠? 그런데 인문이 붙어있는 이유는 제가 역사학, 그 중에서도 문화인류학, 민속학을 연구하는 사람이기 때문입니다. 본래 음식은 주로 이과 출신인 식품학자가 연구합니다. 그런데 저는 자연과학의 연구대상인 음식을 인문학의 시각에서 연구합니다. 이것이 바로 융합이 아니고 무엇이겠습니까? 오늘은 여러분께 인문학자가 말하는 음식 이야기를 들려드리려 합니다.

　　오늘 여러분께 말씀드릴 것은 대한민국의 대표적인 음식으로서 김치와 그것을 둘러싸고 있는 김장문화입니다. 작년 12월 5일 아제르바이잔에서 김장이 유네스코 인류무형유산 목록에 등재되었습니다. 같은 해 봄에 예비 광고를 했는데, 모든 방송에서 마치 아리랑처럼 김치가 인류무형유산이 되었다고 난리법석을

부렸습니다. 그런데 사실 이런 방송은 잘못
된 것이죠. 김치라는 음식을 문화라고 이야
기할 수 없습니다. 음식물은 보존할 수 있는
것이 아닙니다. 세종대왕이 잡수셨던 음식이
남아있나요? 여러분이 어제 드셨던 음식은
이미 어딘가로 하수처리 되었겠죠. 사람들이 음식을 만들고, 먹
는 일을 중심에 둔 행동을 가리켜 음식문화라고 합니다. 그래서
'김장'이 유네스코 세계문화유산 중 인류무형유산으로 등재된 것
입니다.

옛날 사진 한 장을 보여드리겠습니다. 최근에 이런 모습을 보
신 분이 있나요? 거의 없죠?

가운데 보이는 것이 김치광입니다. 지방마다 명칭과 형태가
다른데요. 중부지역은 바람이 많이 불기 때문에 겨울철 보온을
위해 그림처럼 짚으로 집을 짓고 김치를 땅에 묻었습니다. 3년 전
쯤 김치 다큐멘터리를 찍기 위해 촬영팀과 함께 그림과 같이 일
반가정에서 전통방식으로 김치를 익히는 모습을 찾아다녔던 적
이 있습니다. 그런데 도저히 찾을 수가 없었습니다. 농촌 주민들

에게 왜 김치광이 없냐고 물어봤더니 집안에 저온창고를 갖추면 정부에서 돈을 지원해줘서 다 저온창고를 두었다는 겁니다. 그리고 고생스럽게 땅에 묻어봤자 온도나 주변 환경에 따라 맛을 버릴 위험이 있기 때문에 이제는 김치광을 두지 않는다고 하더군요. 세계문화유산으로 지정될 정도의 훌륭한 김장문화가 왜 이렇게 자취를 감추어버린 걸까요?

아파트, 김장문화를 바꾸다

한국전쟁에 참전했던 미군이 쓴 일기에 이런 이야기가 나옵니다. '한국인들은 야만적이다. 땅에서 음식을 꺼내 먹는다.' 한국전쟁 당시에 미국은 중산층 이상의 가정에 냉장고가 보급되어 있었기 때문에 우리가 김치를 땅에 묻었다가 꺼내 먹는 것을 야만적이라고 보았던 거죠. 하지만 당시만 해도 우리나라 사람들은 김장에 대해 고민하지 않았습니다.

1960년대부터 서울을 중심으로 아파트가 세워지기 시작합니다. 당시 아파트들은 잘 무너졌어요. 그 이유 중 하나가 (사실인지 아닌지는 모르겠지만) 베란다에 간장독과 김칫독을 너무 많이 두었기 때문이라고 해요. 실제로 1960년대 중반 서울시에서는 아파트에 장독대 안 놓기 생활운동을 전개하기도 했습니다. 동사무소에서 사람들이 나와서 베란다를 검사하고, 장독대를 못 놓게 하는 겁니다. 그래서 어떤 아파트에서는 공동 김치광을 만드는 시범사업을 하기도 했습니다. 하지만 그 사업은 김칫독을 잘못 찾아서 남의 김치를 퍼가거나, 김치를 도둑맞는 일이 많아 중단되고

구해줘, 로봇!

말았죠. 이때부터 점점 베란다에 장독과 김칫독이 종적을 감추기 시작합니다. 그 후 1980년에 들어서면서 한국은 점차 아파트 공화국이 되어갑니다. 『아파트 공화국』이라는 책을 쓴 프랑스의 건축학자가 서울의 아파트를 보고 북한군을 막기 위해 세워놓은 장벽이라는 생각을 했다는 일화가 있을 정도입니다.

그런데, 앞서 말씀드린 것처럼 아파트에는 김장을 해도 김치를 묻을 곳이 마땅치 않죠. 제일 큰 고민은 배추 절이기입니다. 욕조에 소금물을 풀어서 배추를 절이는 사람들도 있다지만, 몸을 씻는 욕조에 식재료를 담근다는 것은 마뜩찮죠. 그래서 1980년대 중반부터 대도시를 중심으로 김장의 양이 줄어듭니다.

1990년대에 들어서면 국민 전체 인구의 반 이상이 아파트에 살기 시작합니다. 그래서 김치를 먹는 양도 적어지고, 김치공장이 많이 생겨나면서 유명한 김치회사들이 만들어집니다. 김치 산업이 커져서 일본으로까지 수출을 하게 되었는데, 당시 대통령이 파티를 할 정도로 나라의 경사였죠. 일본인들이 식민지 시대에 조선 사람을 비하하면서 트집 잡았던 것이 마늘냄새였거든요. 그런데 그런 나라에 마늘이 듬뿍 들어간 김치를 수출하게 된 겁니다. 그런데 해외에서 김치의 수요가 많아짐과 동시에 국내에서 김치의 수요는 점점 줄어듭니다. 그래서 학교 급식에 반드시 김치를 포함하도록 하는 정책을 시행하기도 했죠. 그런데 김치란 음식이 참 특별하게도 지역이나 개개인의 입맛에 따라 맛이 다 다릅니다. 그러니까 사먹기에는 이상하고 해먹기에는 불편한 음식이 되어버린 겁니다. 그래서 등장한 것이 절임배추입니다. 절여진 배

이제 전체 국민 중에
한옥에 사는 사람이 5%도 안 됩니다.
모두 폐쇄형 주택에 사는 셈입니다.
이런 상황에서도 김장이라는 전통문화가
지속될 수 있는 것은
김치냉장고라는 기술 덕분입니다.

추를 먹을 만큼만 사다가 각자의 입맛에 맞는 양념으로 버무려 담글 수 있게 된 겁니다. 이제 아파트에서도 손쉽게 김장을 할 수 있게 된 거죠.

기술이 문화의 세계화를 이끈다

그런데 한 가지 문제가 더 남아있습니다. 김장을 하고 나서 김치를 어디다 보관할 것인가 하는 문제죠. 이제는 다 알고 계시죠? 네, 김치냉장고에 보관을 하면 됩니다. 저는 김치냉장고가 지난 5,000년 한반도 역사에서 가장 중요한 발명품이라고 생각합니다. 김치냉장고는 김장이 유네스코에 문화유산으로 등재되는 데 일등공신입니다.

1970년대 말 냉장고가 모든 집에 보급되기 시작했고, 1980년대 중반 특히 서울올림픽이 열렸던 해를 정점으로 해서 수많은 외식업이 생겨납니다. 그러면서 김치를 어떻게 저장할 것인가 고민하게 되었죠. 1990년대 초반, 한 업체의 엔지니어들이 저를 찾아왔어요. 김치냉장고를 만들기 위해서는 옛날 방식의 김장에 대해 연구해야 하는데, 식품학을 공부하는 분들은 잘 모르더라는 겁니다. 그래서 당시 전국에 있는 김치광 뒤지는 것이 직업이었던 저를 찾아온 거죠.

김치가 만들어지는 프로세스는 간단합니다. 김치를 담그고 처음 2~3주간은 상온에서 김치가 숙성되어야 하고, 그다음부터는 김치광에 저장해서 온도를 떨어뜨리는 겁니다. 김치냉장고의 원리도 똑같습니다. 2~3주간 17도 정도로 온도를 유지하다가 그

기간 이후에는 타이머가 작동해서 냉장고 안 온도를 영상 4도 정도로 떨어뜨려 유지시키는 겁니다. 이건 냉장고가 아닙니다. 김치광을 전자화하겠다는 발상이죠. 요즘은 텔레비전 광고에 잘생긴 남자 아이돌들이 나와서 김치냉장고를 선전하고, 필수 혼수용품으로 손꼽히는 등 김치냉장고가 일반화되어 있습니다. 사라져가던 김장문화를 유지하는 데 김치냉장고가 큰 역할을 했죠.

그런데 이 통계 한번 보시겠어요? 우리나라가 중국에 김치를 수출하는 실적을 나타낸 표입니다. 가장 많이 수출을 한 때가 2010년도로 378,000달러를 수출을 했습니다. 그런데 2012년도에는 15,000달러로 그 실적이 급격히 줄어듭니다. 반면, 우리나라가 중국으로부터 수입해온 김치의 실적을 볼까요? 11,820,000달러입니다. 김장이 유네스코 세계문화유산으로 선정되었을 때, 중국의 인터넷 사이트에 어떤 사람이 이런 글을 올렸다고 합니다. '김치를 이렇게 많이 한국에 수출하는데, 김치의 주인은 중국이 아닐까?' 제가 이런 이야기를 하는 의도를 파악하셨나요?

사실 김치와 같은 음식은 세계 각국에 존재합니다. 일본에는 츠케모또라고 100여 가지 종류가 있고, 독일의 자우어크라우트나 서양의 피클, 중국의 짜차이, 옌차이 등 김치와 한 계통에 있는 음식이 많이 있습니다. 피클의 경우 채소를 식초에 삼투압시킨 음식이고, 김치의 경우 채소를 소금물에 삼투압시킨 음식이죠. 다 비슷한데, 특별하게 김치는 절이긴 절이되 많이 절이지 않고 양념을 한 거죠. 말씀드린 이런 김치의 사촌들도 처음에는 다 김장을 했습니다. 하지만 이제 전부 공장에서 만들죠. 그래서 그들 나라에는 온 가족이 모여서 김장을 하는 문화가 사라져버렸습니다. 하지만 우리나라는 그렇지 않지요. 이제 전체 국민 중에 한옥에 사는 사람이 5%도 안 됩니다. 모두 폐쇄형 주택에 사는 셈입니다. 이런 상황에서도 김장이라는 전통문화가 지속될 수 있는 것은 김치냉장고라는 기술 덕분입니다.

이처럼 기술이 오래된 문화를 지속시킬 수 있습니다. 이것은 기술 분야에 계신 분들이 주목해야할 부분이라고 생각합니다. 김장문화를 지키는 김치냉장고를 만들어낸 것처럼 조선식 재래간장을 만드는 기계를 만들 수는 없을까요? 한복을 짓는 기계를 만들어낼 수 없을까요? Fast한 기술을 Slow한 음식과 결합시킬 수 없을까요? 이것이 오늘 제가 제기하고 싶은 문제입니다. 이것의 해답은 우리 모두가 함께 풀어가야겠지요. 이것으로 강연을 마치겠습니다. 감사합니다.

주영하 **음식인문학자**
한국학중앙연구원 한국학대학원 교수
2007년 일본 가고시마대학 인문학부 객원 연구원
저서 〈김치, 한국인의 먹거리-김치의 문화인류학〉, 〈음식 인문학〉,
〈식탁 위의 한국사〉 등

구해줘, 로봇!

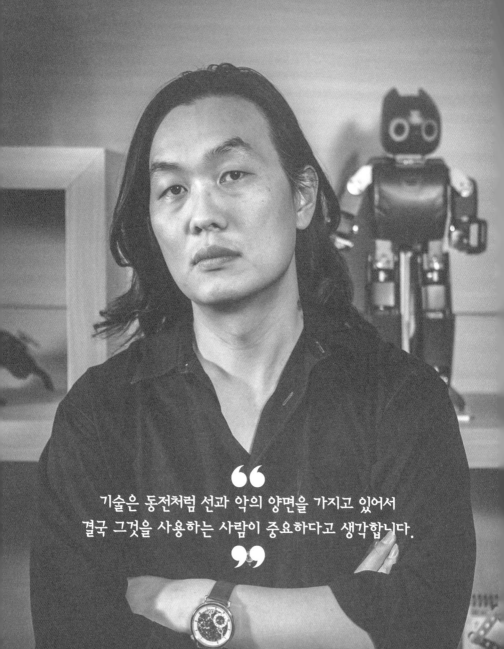

> 기술은 동전처럼 선과 악의 양면을 가지고 있어서
> 결국 그것을 사용하는 사람이 중요하다고 생각합니다.

로봇,
새 문화를 열다

한재권

로봇은 우리에게 기대감과 함께 두려움을 갖게 합니다. 로봇을 처음 접할 때는 '얘가 나를 얼마나 편하게 해줄까? 신기하다. 재밌다.'는 기대감을 갖다가, 인간의 능력을 능가하는 로봇의 기능을 보면 두려움을 느끼죠. 그런데 로봇은 결국 우리 삶에 들어오게 될 것입니다. 너무나 많은 과학자들이 열심히 연구하고 있거든요. 빠르면 10년, 늦어도 20년 안에 로봇과 함께 생활하는 시대가 열릴 겁니다. 기대감과 함께 두려움이 밀려오시죠? 앞으로 펼쳐질 미래에 우리는 어떤 대비를 해야 할까요? 오늘은 그 문제에 대해 이야기를 나눠보고 싶습니다.

더 나은 삶을 여는 로봇의 발걸음

작년 12월 플로리다에서 DARPA Robotics Challenge라는 재난구조로봇대회가 열렸습니다. DARPA는 미국 국방성산하의 연구기관인데, 재난구조로봇 기술을 한 단계 끌어올리기 위해서 세계 최고의 연구소들을 대상으로 이런 대회를 열었습니다. 미국 항공우주국 NASA, 미국 국립로봇연구소, 일본 기업 샤프트를 비롯해서 록히드 마틴 같은 거대 국방 복합체까지 참여한 인류 역사상 가장 큰 로봇대회였습니다. 저도 참가했었는데, 아쉽게도 9위를 했습니다. 하지만 이 대회를 통해 세계 최고의 로봇들을 보고 그 기술을 경험하고, 세계 최고의 연구원들과 같이 호흡하면서 책으로 배울 수 없는 많은 경험들을 한 것만으로도 만족스러웠습니다.

DARPA는 미국과 소련의 우주경쟁이 한창인 1950년대 후반에 만들어진 조직입니다. 우리에게 친숙한 것은 NASA이지만 뒤에서 계획을 세우고 프로젝트를 이끌고 투자유치를 한 것은 사실 DARPA입니다. 지금 우리에게 없어선 안 될 기술 중 하나인 인터넷을 만들어낸 조직이기도 합니다. 무인자동차, 내비게이션 등 우리 실생활의 엄청난 기술 진보를 일으켰던 기술들의 상당수가 DARPA를 통해 만들어진 것입니다.

그런데 DARPA는 왜 이런 일을 할까요? 사실 군사적 목적이 가장 큽니다. 인터넷도 통신의 방해를 받지 않으면서 작전을 수행하기 위해 만들어낸 것이구요. 로켓은 더 말할 것이 없겠죠. 무인자동차도 마찬가집니다. 위험한 적지에 병사 대신 기계만 보내는 방법을 고안한 끝에 탄생한 것이죠. 이처럼 기술은 동전과 같아서 사실상 불순하다고 말할 수 있을 정도의 목적으로 만들어진 기술도 뒤집으면 우리 실생활에 유용하게 사용할 수 있는 기술이 됩니다. 결국에는 어떻게 쓰느냐의 문제인거죠.

후쿠시마 원전 사고가 일어났을 때 수십 명의 엔지니어들이 투입되었습니다. 만약 그때 사람이 들어가지 않고 사건을 처리할 수 있었다면 어땠을까요?

어쨌든 중요한 것은 DARPA가 프로젝트를 기획하고 기술진보를 위한 대회를 개최하면, 그 기술들은 10년 뒤에 우리 실생활 안에 들어온다는 사실입니다. 가령, 인터넷의 경우 80년대에 개발되어 90년대 우리 생활에 큰 변화를 가져왔고, 2005년 DARPA Grande Challenge를 통해 시도했던 무인자동차는 10년 뒤인 현재 세상에 나올 준비를 하고 있습니다. 빠르면 내년, 늦어도 내후년에는 아마 구글카를 보실 수 있을 겁니다. 이처럼 10년이면 우리 생활에 들어올 수 있는 기술을 만들어내는 DARPA가 작년에는 후쿠시마 원전사태를 모델링으로 해서 재난구조로봇대회를 연 것입니다.

DARPA Robotics Challenge는 말 그대로 로봇을 통해 재난상황을 극복하는 대회입니다. 후쿠시마 원전 사고가 일어났을 때 그 원전 안에 고장 난 냉각수를 고치기 위해서 수십 명의 엔지니어들이 투입되었습니다. 사건의 원인이 무엇인지 파악할 수 없었기 때문에 조금이라도 관련이 있어 보이는 엔지니어들은 다 투입되었죠. 방사능 피폭을 무릅쓰고요. 결국 그곳에 투입되었던 엔지니어들은 현재 암 투병으로 고통스러운 나날을 보내고 있습니다. 만약 그때 사람이 들어가지 않고 사건을 처리할 수 있었다면 어땠을까요?

저와 같은 로봇과학자들은 사람이 하기 힘든 일, 사람이 해서는 안 되는 일, 또는 사람이 하기 싫은 일을 로봇이 대신 하도록 해줘야 한다는 사명을 갖고 로봇을 연구합니다. 정말 로봇이 필요했던 후쿠시마 원전 사고에서 로봇은 아무 도움이 되지 못했습니다. 물론 전장에서 사용하는 캐터필러 형태의 로봇이 투입되긴 했지만 모두 작전에 실패했고, 결국 사람이 투입될 수밖에 없었죠. 이 사건을 통해 많은 과학자들이 좌절감을 느꼈습니다. 이런 우울한 상황에서 DARPA가 한 가지 제안을 했습니다. '앞으로 이와 같은 사고가 발생해서는 안 되지만, 만약 발생할 경우 로봇을 투입시킬 수 있도록 재난구조로봇을 개발하자. 투자유치는 미국 국방성이 할 테니, 열심히 개발만 해라.' 하고 서로 경쟁을 붙여줬습니다. 그렇게 약 200~300개의 로봇연구소들이 지원한 이 대회에서 서바이벌 형태의 수많은 예선을 거쳐 16개의 연구기관을 선발되었습니다. 그 16개 팀 안에 들어간 것만으로도 저에겐 매우 영광스러운 일이었죠.

그 대회에서는 정말 기상천외한 능력을 요구했습니다. 2012년 10월에 그것을 발표했는데, 당시에는 거기에 모인 로봇과학자들이 다 한숨만 쉬었어요. "저걸 어떻게 해? 그것도 1년 안에?" 하나하나 살펴볼까요?

상상해보세요. 펑! 원자력 발전소가 터졌어요. 로봇을 투입시켜야 해요. 그럼 로봇을 들고 그 앞에까지 가야 하나요? 안 되죠. 그럼 사람이 가는 것이랑 다를 바가 없잖아요. 로봇이 스스로 들어가야 됩니다. 무려 수 km 밖에서. 만약 수 km를 걸어서 간다면 목적지에 닿기도 전에 배터리가 닳아버릴 겁니다. 그럼 어떻게 해야 할까요? 그래서 나온 첫 번째 미션이 로봇이 자동차를 운전해서 사고지까지 가는 것입니다. 무인자동차를 떠올리시는 분도 있겠지만, 그런 상황에서 무인자동차가 있을 리 만무하죠. 때문에

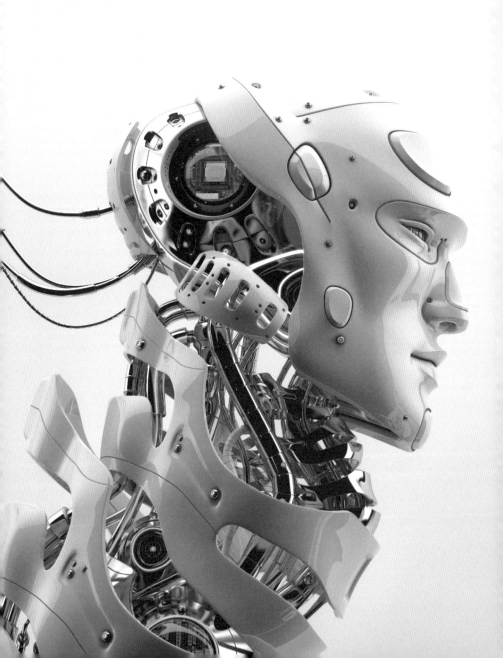

기술은 동전과 같아서

사실상 불순하다고 말할 수 있을 정도의

목적으로 만들어진 기술도 뒤집으면

우리 실생활에 유용하게

사용할 수 있는 기술이 됩니다.

결국에는 어떻게 쓰느냐의

문제인거죠.

ⓒ Google image

일반 자동차, 특히 방사능에 강한 가솔린 재래식 일반자동차를 운전할 줄 알아야 합니다.

그런데 자동차를 타고 가다가 어느 지점쯤 가면 더 이상 자동차로 갈 수 없는 길이 나올 수 있을 겁니다. 벽돌도 날아다니고, 여기저기 장애물들이 널브러져 있을 테니까요. 거기서부터는 자동차를 세우고 걸어가야 합니다. 그래서 80~100m 가량의 험지를 주파하는 것이 두 번째 미션입니다.

세 번째 미션은 장애물을 치우는 것입니다. 사고지에 도착해보면 문 앞에 폭발로 파괴된 건물과 주변의 잔재들이 장애물처럼 쌓여 있겠죠. 장애물을 치운 다음, 문을 열고 들어가는 것이 네 번째 미션입니다. 문을 열고 들어가기가 쉬울 것 같죠? 로봇에게는 매우 어려운 일입니다. 이 세상에 문의 종류가 몇 개나 될까요? 문은 그렇다고 치고, 문고리의 종류는 몇 개일까요? 어떤 문고리, 어떤 문이든 열 수 있어야 하는 것이 네 번째 미션입니다.

다섯 번째 미션은 사다리 올라가기입니다. 여섯 번째는 벽 뚫기입니다. 상상해보세요. 사고지에 도착했을 때, 성한 문이 몇 개나 될까요? 별로 성한 문이 없을 거예요. 그럼 어떻게 하죠? 벽을 뚫고 들어가야죠. 준비된 드릴로 벽을 뚫는 것이 여섯 번째 미션입니다.

ⓒ Google image

일곱 번째 미션은 냉각수가 새는 곳을 찾아서 그곳에서 가장 가까운 데에 위치한 밸브를 잠그는 겁니다. 후쿠시마 원전에서 왜 그런 사태가 났는지 다들 아시죠? 냉각수가 새고 있었잖아요. 그다음 호스를 끌고 와 밸브에 끼운 다음 물을 공급시켜 주는 것이 마지막 여덟 번째 미션입니다.

이제 아장아장 걷는 로봇도 신기하다고 할 판에 이것을 2년 내에 해보자는 겁니다. 그런데 또 안 할 수 없는 것이 엄청난 지원금이 있거든요. 저희 로보티즈는 버지니아 공대와 펜실베니아 대학교와 함께 컨소시엄을 이루어서 Team THOR라는 이름으로 참가했습니다. 경기는 자동차들이 경주하는 스피드웨이에서 열렸습니다. 밸브 잠그기 미션은 저희가 1등을 했구요. 자동차 운전을 완수한 팀이 세 팀이었는데, 그 중 한 팀이 바로 저희였습니다. 내년 6월에 결선이 열릴 예정이고, 저희 역시 그동안 열심히 연구를 해서 더욱 어려워진 미션을 완수할 수 있는 로봇을 만들 겁니다. 지금 여러분이 보신 것이 현재 로봇과학기술의 현주소입니다. 별거 없죠? 영화를 보면 로봇이 날아다니기도 하고, 슈퍼맨처럼 사람을 구해주기도 하는데 말이죠. (웃음)

하지만 이 대회가 시작되었다는 것 자체가 의미하는 것이 있습니다. 앞으로 10년 안에는 우리를 재난에서 구조해줄 로봇이 나타날 가능성이 높다는 겁니다. 여태까지 DARPA가 인류의 기술을 끌어왔던 방식이 그랬기 때문에 저도 2025년쯤에는 로봇이 우리 주변에서 활동을 할 거라고 감히 예상하고 있습니다. 자, 처

구해줘, 로봇!

로봇과 경쟁할 수 없는 세상이
앞으로 다가올 것입니다.
로봇을 사용하는 우리 모두가
올바른 로봇문화를
만들어갔으면 좋겠습니다.

음에 말씀드렸던 기대감이 가득 차오르지 않으세요? 하지만 곧 여러분을 찾아오는 두려움이 있을 겁니다. "저렇게 힘세고 똑똑한 로봇들이 우리 삶에 들어온다면 나는 어쩌지?"

구해줘, 로봇

앞으로 우리 사회는 저출산 고령화 사회가 될 것입니다. 지금 태어난 아이들을 기준으로 역산을 해보면 2030년에는 고령화율이 25% 정도로 높아집니다. 4명 중 1명이 노동활동이 어려운 노인이라는 이야기거든요. 이렇게 되면 사회 시스템이 제대로 돌아갈 수 없습니다. 예를 들어볼까요? 거리에 청소를 해야 하는데 청소할 사람이 없습니다. 우편을 배달해야 되는데, 배달할 사람이 없습니다. 이런 사회가 저출산 고령화 사회거든요. 미국은 3천5백만 명의 노동인구가 부족할 것으로 예상하고 있고, 독일은 5백만 명이 부족할 것으로 예상하고 있습니다. 우리나라도 마찬가지입니다. 이런 노동력의 불균형을 어떻게 해소할 수 있을까요? 이런 문제에 로봇이 대안이 될 수 있습니다. 그게 저희가 로봇을 연구하는 가장 큰 이유 중 하나입니다. 사회의 균형을 유지하기 위해서.

「아이로봇I, Robot, 2004」이라는 영화를 보면 이런 장면들이 나옵니다. 아침에 초인종 소리를 듣고 나가면 물건을 든 택배사 로봇이 서있습니다. 길거리를 나서면 쓰레기를 청소하는 로봇도 있고, 강아지를 산책시키는 로봇도 있습니다. 어떤 로봇은 핸드백을 들고 뛰고 있습니다. 뛰다가 앞 사람에 부딪칠 것 같으면 서서 기다리고 사람이 지나가면 다시 뜁니다. 이 로봇은 왜 이렇게 뛰고 있을까요? 주인이 전화를 한 겁니다. "나 핸드백 두고 왔어. 빨리와." 제가 좋아하고 영감을 많이 받는 장면들입니다. 저는 이런 것이 이상적인 로봇 사회라고 생각합니다. 인류를 돕는, 인류의 친구가 될 수 있는 로봇. 인간이 할 수 없는 일, 하기 싫은 일, 어쩌면 노동력이 부족해서 미처 하지 못하는 일을 로봇이 인간을 대신해서 처리하고 사회를 유지시켜줄 수 있을 것이라고 믿고 있습니다.

이것은 아까 서두에 잠깐 말씀드렸던 구글에서 연구 중인 무인자동차입니다. 지금 캘리포니아에서는 수만 시간 무사고 운전을 기록하고 있고, 캘리포니아주 법을 바꾸고 있습니다. 지금은 면허가 있어야 운전을 할 수 있는데, 무인자동차는 면허가 없잖아요. 그러니까 법이 바뀌게 되고, 보험제도도 바뀌게 되는 겁니다. 현재 이 무인자동차 기술을 구글이 주도적으로 개발해나가고 있는데요, 구글이 왜 이런 일을 할까요? 그냥 멋있으니까? 과연 기업이 그렇게 단순할까요?

© Google image

구글은 무인자동차를 이용해서 택시 운송업 사업을 하려고 합니다. 약 3천 대의 구글 무인자동차가 양산될 준비를 하고 있습니다. 그럼 어떤 상황이 벌어질까요? 스마트폰으로 자신의 위치를 보내면 몇 분 후 택시가 도착하는 겁니다. 옛날에 전격 Z 작전 아시죠? 그게 현실화되는 겁니다. 택시가 오면 목적지를 입력하고 신용카드로 계산하면 됩니다. 차 안에 자기밖에 없기 때문에 프라이버시가 보장되죠. 이 사업의 비용은 얼마나 들까요? 처음 투자비만 있으면 운영비가 거의 안 듭니다. 24시간 쉬지 않고 운행할 수도 있죠. 사람은 경쟁상대가 될 수 없어요. 그럼 택시 운전사라는 직업이 미래에는 사라질 수도 있습니다.

이 사진은 무인헬기를 이용해 배달 서비스를 하는 연구 장면

구해줘, 로봇!

입니다. 소비자들이 인터넷으로 주문을 하면 30분 이내에 배달이 되는 겁니다. 미국은 주택이 많고 마당이 넓어서 GPS수신 확률이 높기 때문에 도입이 가능합니다. 우리나라처럼 아파트가 많은 나라는 조금 어렵겠죠. 어쨌든 이 무인헬기가 도입된다면 택배업에 종사하시는 분들은 이 무인헬기와 경쟁이 안 되죠. 우리에게 두려운 일일 수 있습니다. 그렇다고 해서 로봇기술 연구를 전면 차단하는 것이 옳은 대처 방법일까요?

로봇과 경쟁할 수 없는 세상이 앞으로 다가올 것입니다. 이런 문제의식이 계속 제기되어 왔던 미국에서는 법학자들이 인간과 로봇이 공존할 수 있는 법을 만들기 위한 학회를 여는 등 다양한 고민을 하고 있습니다. 이런 고민이 좋은 방향으로 나아가는 하나의 출발점이 될 것이라고 생각합니다. 로봇을 컨트롤하자는 생각이 아니라 사람을 컨트롤하자는 생각을 갖고 있는 거잖아요. 강연을 시작하면 말씀드렸지만, 기술은 동전처럼 선과 악의 양면을 가지고 있기 때문에 결국 그것을 사용하는 사람이 중요하다고 생각합니다.

사람을 컨트롤하는 가장 강력한 도구가 법이죠. 하지만 저는 더 강한 것이 있다고 생각합니다. 법은 직접적이고 빠르고 효과적이겠지만 그것보다 더 강력한 것은 문화입니다. 우리가 가진 상식과 선악의 개념을 통해 선한 목적을 가지고 로봇을 개발하고 사용하는 사회문화를 만드는 거죠. 그것이 인간만이 가지고 있는, 로봇이라는 첨단기술에 앞설 수 있는 강력한 힘이라고 저는 믿고 있습니다. 사람이 먼저고, 기계는 사람을 위해 존재하는 것일 뿐입니다. 그렇기 때문에 로봇을 만드는 제가 아니라 로봇을 사용하는 우리 모두가 올바른 로봇문화를 만들어갔으면 좋겠습니다. 로봇문화 강국이 되는 미래의 대한민국을 꿈꾸며, 강연을 마치겠습니다. 감사합니다.

한재권 로보티즈 수석연구원
2009년 버지니아 공대 RoMeLa연구실의 '다윈'로봇 시리즈 중 최고 사양 '다윈-HP'개발
2010년 미국 최초의 성인사이즈 휴머노이드 로봇 '찰리' 개발
2011년 세계 로봇 월드컵 우승 및 최고의 휴머노이드상 수상
2011년 로봇 '찰리' 타임지 선정 최고의 발명품 선정

구해줘, 로봇!

Talk show

기술이 지키는 문화,
기술이 만드는 문화

MC 오늘 강연해주신 두 분을 무대로 함께 모시겠습니다. 강연을 들으면서 저희도 많은 생각을 했습니다만, 두 분께서도 사실은 끝까지 서로의 강연을 지켜보셨거든요. 어떤 생각을 하셨는지요?

주영하 제가 로봇장난감 1세대거든요. 그리고 영화 「트랜스포머Transformers, 2007」가 나왔을 때, 아들보다 제가 더 즐겁게 보러갔어요. (웃음) 김치냉장고도 어떤 의미에서는 로봇이라고 할 수 있지 않나요? 한 박사님 강연을 들으면서 김장을 해주는 로봇을 만들어주시면 어떨까 생각해봤는데요.

MC 김치 만드는 로봇이 손맛을 내기란 쉽지 않을 것 같은데요?

주영하 공장에서 만든 김치라고 해서 소시지처럼 생각하시

구해줘, 로봇!

면 안 됩니다. 김치를 공장제로 생산하는 방법을 고민하게 된 게 1983년부터인데, 농림부에서 시범 공장을 만들었어요. 제가 그 공장에 가봤는데 사람이 없으면 전혀 안돼요. 그것은 지금도 마찬가지입니다. 배추를 예로 들면, 절이는 과정은 센서를 붙여서 소금물이 담겨 있는 탱크에 배추를 집어넣었다가 시간에 맞추어 끄집어 올리도록 할 수 있어요. 하지만 그것을 버무릴 때는, 사람이 해야 됩니다. 버무리는 아주머니의 스트레스 정도가 어느 정도냐에 따라 맛이 달라지죠. 그러니까 공장제 김치라고 해서 맛이 다 똑같지만은 않습니다. 그것 때문에 초창기 김치회사들이 고민을 했어요. 왜냐하면 김치를 먹고 '아, 이 김치는 A회사 제품이구나'라고 느끼게 해야 되잖아요. 근데 그게 아니라 그냥 '집에서 만든 것과 다르구나'라는 느낌 밖에 못 주는 거예요. 그래서 김치는 완전하게 산업화되지 않았는데, 그게 오히려 다행일 수 있죠.

MC 네, 이런 이야기를 들으신 한 연구원님은 어떤 생각을 가지고 계신지 궁금합니다.

한재권 네, 사람을 따라잡는 로봇은 아마도 영원한 숙제가 될지도 몰라요. 로봇을 연구하면 할수록, 인간의 신체에 대한 경외감이 들거든요.

아까 교수님께서 강의 하실 때 제일 제 마음속에 와 닿았던 단어가 있었어요. 문화를 지속시키는 기술. '문화를 지속시키는 데 기술이 기여할 수 있는 부분이 있구나'라는 생각이 들면서 마음에 많이 와 닿았어요.

MC 그렇군요. 이번에는 관객의 질문을 받아보겠습니다.

질문자1 아까 한 연구원님께서 강연 중에 빠르면 내년, 늦어도 내후년엔 구글카를 만날 수 있을 거라고 하셨는데요. 현재 구글 무인자동차의 위기상황 대처능력이 어느 정도 수준인지 궁금합니다.

한재권 2007년에 DARPA Urban Challenge라는 것을 했어요. 도심지에서 자동차를 주행하는 대회를 연거죠. 실제 도시에서 대회를 할 수 없기 때문에, DARPA가 도시를 하나 세웠습니다. 모형이지만 백화점, 학교, 횡단보도, 자동차 등을 다 만들어서 배치를 시켜놓은 겁니다. 거기서 자동차 면허시험을 보듯이 갖가지 위험 상황을 발생시킵니다. 갑자기 사람이 튀어나오면 서고, 빨간불이 켜지면 물러서고, 자동차가 고장이 났을 때는 차를 갓길로 세우고

구해줘, 로봇!

어떤 조치를 취해야 하는지 등 인간이 운전을 할 때 적용할 수 있는 프로세스를 그대로 차에 적용시키는 겁니다. 그것이 이미 2007년에 됐구요. 지금은 그것을 안정화시키는 과정 중에 있습니다. 저는 현재 수만 시간의 무사고 운전이 구글 무인자동차의 위기상황 대처능력을 증명해주고 있다고 봅니다. 정부의 특별허가를 받아서 재작년부터 무인자동차가 시내를 계속 돌아다니고 있거든요. 아무도 모르죠, 돌아다니고 있는지.

그런데 생각해보세요. 운전을 하고 있는데, 차에 운전자가 없어요. 느낌이 어떠실 거 같아요?

MC 생각해보니 무섭네요.

한재권 그렇죠. 무인자동차를 사람들에게 어떻게 인식시킬 것인가 하는 문제가 남아 있지, 기술적인 문제는 많이 해결된 것으로 알고 있습니다.

질문자2 저는 케이블TV에서 근무하고 있습니다. 어린 시절 태권V나 철인28호 같은 만화영화를 보면서 자라왔고, 로봇에 대한 동경이 큰데요. 국내에서 로봇 연구가 주도적으로 활성화되고 있는 곳이 어딘지 궁금합니다.

또 아까 대회에서 일본이 1등을 했다고 했는데, 이 분야의 세계 랭킹 그리고 우리나라의 위치를 말씀해주셨으면 좋겠습니다. 그리고 마지막으로 아까 강연에서 Fast한 기술과 Slow한 음식과의 결합이라는 이야기가 나왔는데 이런 것이 가능한, 음식의 숙성

도와 맛의 세밀한 부분까지 감지할 수 있는 로봇을 만드는 기술력이 언제쯤 개발될 수 있을 것으로 예상하시는지요?

한재권 우리나라의 로봇기술개발은 정부 주도로 이루어졌다고 해도 과언이 아닙니다. 물론 회사들도 많이 있습니다만, 미국과 가장 큰 차이점은 사기업이 주도하는 미국과는 달리 우리나라는 주로 미래창조과학부나 산업통산자원부 같은 정부기관들의 예산으로 기업들을 키우고 있는 형식입니다. 그런데 저는 그런 기획된 정책보다 오히려 저희 로보티즈 같은 사기업들, 특히 로봇기술연구에 꿈을 가지고 그 꿈을 실현하기 위해 열정을 바치고 있는 일반 벤처기업들이 시장에서 승부할 수 있도록 지원해야 한다고 생각합니다. 정부에서 기획된 연구는 그 기획을 수행하는 순간 끝날 확률이 높습니다. 하지만 시장의 원리에 따르는 사기업은 소비자들이 원하는 것을 만들어내려고 늘 고심하고, 일상화될 수 있는 아이디어를 생각해냅니다. 때문에 개인적으로는 공기업만큼 사기업 육성도 활발히 해야 하지 않을까 생각합니다.

그리고 두 번째는 랭킹에 대한 질문이었죠? 어딜 가나 "우리나라 몇 등쯤 해요?" 이런 질문을 받습니다. 그런데 사실은 등수를 정하기 어렵습니다. 그리고 등수가 큰 의미를 가지지도 않구요. 어떤 프로젝트가 어떻게 이루어지고 있는지를 보는 것이 더 의미가 있을 거라고 봅니다. 그래도 굳이 순위를 매겨본다면 일본 쪽이 하드웨어 부분에서 멀리 앞서가고 있는 것은 사실입니다. 저희가 한 5~6년 정도의 차이로 따라가고 있는 것 같아요. 그 격차를

구해줘, 로봇!

줄이려고 열심히 연구하고 있죠. AI, 인공지능 컴퓨터 사이언스 분야로는 미국이 상당히 앞서가고 있습니다. 일본, 미국과 비교해봤을 때 우리나라는 앞선 부분도 있고, 뒤처진 부분도 있습니다. 하지만 대륙별로 이야기를 할 때 일본과 한국이 아시아의 메인 스트림이라고 평가받고 있기 때문에 세계적으로 인정받고 있는 것 같아요. 로봇 분야에 있어서는 다행히 우리나라가 세계적으로 앞서가고 있는 축에 속한다고 말씀드릴 수 있을 것 같습니다.

MC 그렇군요. 김치를 만드는 로봇에 대한 질문도 해주셨는데, 어떻게 생각하시는지요?

주영하 인간은 Cooking Animal입니다. 지구상의 어떤 동물도 인간처럼 요리를 하지 않거든요. 인간만이 요리를 하고, 소속된 가족이나 지역공동체 속에서 자신만의 입맛을 형성해가죠. 40~50대 중 아무나 저에게 가장 좋아하는 음식을 알려주시면 그 사람의 가정형편, 고향, 부모님의 고향, 성격 등을 거의 파악할 수 있습니다. 그러니까 음식은 문화이고, 가장 인간적인 부분입니다. 오늘날 한국의 음식문화인 김치의 맛이 균질화되고 있다는 것도 하나의 큰 문제이거든요. 그런 면에서 로봇이 도와줄 것과 인간이 지켜나가야 할 것이 아마 다를 겁니다.

한재권 로봇이 어떻게 도와줘야 음식문화를 유지하고 사람들이 행복해질 수 있을까. 예를 들면, 이런 거죠. 로봇이 요리를 해주는 것은 인간에게 편리함을 주긴 하겠지만 패스트푸드를 사먹는

시장의 원리에 따르는 사기업은
소비자들이 원하는 것을
만들어내려고
늘 고심하고, 일상화될 수 있는
아이디어를 생각해냅니다.
공기업만큼 사기업 육성도
활발히 해야 하지 않을까
생각합니다.

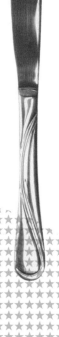

거나 마찬가지가 되잖아요. 요리는 단순한 노동이 아니라 즐거움이고 행복이죠. 그걸 로봇이 다 해버리면 인간이 즐길 수 있는 즐거움과 행복을 뺏는 격이 될 겁니다.

MC 아, 로봇이 넘지 말아야 할 선을 어떻게 그어줄 것인지 생각해봐야겠군요.

주영하 지금 여기 계신 분들 중에서는 그런 분이 별로 없겠지만, 2000년대 이후에 태어난 분들은 음식 맛에 대해 두 가지 경향을 가질 겁니다. 2000년대 들어 우리 사회가 글로벌화되면서 음식에 대한 경험 또한 매우 글로벌해졌습니다. 예를 들어 남아프리카의 어느 마을에서 먹는 음식을 텔레비전이나 인터넷을 통해서 간접 경험할 수 있게 되었죠. 그래서 두 가지 경향이 나타날 거라고 보는데요. 한 가지는, 굉장히 보수적인 경향입니다. 집밥, 엄마의 손맛 등 자신의 입맛에 맞는 음식을 찾는 경향은 여전히 강할 겁니다. 그런데 두 번째, 새로운 향신료나 맛을 빨리 수용하고 즐기는 경향도 생길 겁니다. 이런 부분에서 로봇이 해결해줄 수 있는 것들이 있을 거라는 생각이 듭니다. 커피메이커처럼 재료를 사서 넣으면 이탈리아 시골에서 맛볼 수 있는 소스를 만들어주는 소스메이커라든지… 그런 로봇들은 충분히 가능하지 않을까 생각해요.

한재권 네, 충분히 가능한 이야기를 하고 계신 것 같아요. 로봇에 레시피를 다운 받아놓고, 재료를 주입하면 특정 지역의 소스나 향신료를 만들어줄 수 있겠죠. 그렇게 되면 세계 각국에 있는 여러 음식 문화들을 집안에서 느낄 수 있고 경험할 수 있는 시대가 열리게 될 겁니다.

주영하 그렇게 되기 위해서는 저뿐만 아니라 여러분들도 처음 경험하는 특별하고 개인적인 레시피를 잘 보관하셔야 합니다. 인터넷에서 찾을 수 있는 것은 이미 표준화된 것들이니까요. 생각해보세요. 한 분의 할머니가 돌아가시는 순간 수백 권의 요리책이 사라지는 거예요. 유네스코가 음식문화를 문화재로 지정하는 것도 천년 이상을 지속해온 특별한 레시피가 이제는 점점 사라지고 있기 때문이거든요.

한재권 인간은 언젠가 죽게 마련이죠. 음식문화를 지켜내기 위해서 이런 로봇을 개발할 수 있을 것 같아요. 예를 들어, 엄마가 요리를 할 때, 로봇이 함께 음식을 하면서 그 행동을 모두 기억하도록 하는 거예요. 음식의 종류별로 재료의 종류나 양뿐 아니라 행동까지도 모두. 그리고 로봇의 수명이 다 되었을 때 또 다른 로봇에게 저장한 프로그램을 인계해주는 거죠. 이런 식으로 세대와 시간을 초월해서 음식문화를 지켜낼 수도 있을 것 같아요.

주영하 그런데 문제는 지금 빨리 그런 로봇들을 파견해야 한다는 거예요. 제 어머니가 1932년생인데요. 초기 알츠하이머

가 왔어요. 나이가 먹을수록 기억력은 흐려지고 입맛도 짜지거든요. 표준화된 입맛을 가지지 않은 세대로는 저희 어머니 세대가 거의 마지막에 가까워요.

MC 그렇군요. 어머니의 손맛이 그리울 때 어머니를 떠올리며 그 맛을 느낄 수 있는 날이 올 수 있겠네요. 또 다른 질문을 받아볼까요?

질문자3 저는 기술의 발전이 문화의 변화를 주도하고 있고, 앞으로 주도해나갈 것이라고 생각합니다. 예를 들어, 김치냉장고라는 기술은 김장이 먼저 존재했고 때문에 김치냉장고라는 기술이 생겼습니다. 하지만 반대로 기술이 발달을 해서 어떤 문화를 만들어내기도 하잖아요. 저도 로봇과 관련된 일을 하고 있기 때문에 최첨단 기술을 계속 목격하고 있어요. 근데 그 중에서 가장 쇼킹하게 다가오는 것이 3D프린터입니다. 최근에는 금속재료를 넣어서 프린트를 해내는 실험을 진행하고 있다고 들었는데요. 추후에는 음식재료를 넣어서 음식을 프린트해서 먹을 수 있는 상황이 올 수도 있겠다는 생각이 듭니다. 기술의 발달이 음식문화를 바꾸는 경우인거죠. 그런 사회에서도 김장문화와 같은 전통 음식문화가 존립할 수 있을지 궁금합니다.

주영하 실제로 산업혁명 이후 전통문화를 산업화가 다 덮어

구해줘, 로봇!

버렸습니다. 통조림 기술이나 냉장고 등이 발명되면서 말이죠. 김치냉장고는 아주 드문 예 중의 하나죠. 그런데 재미있는 것은 제초제나 화학비료를 만들어낸 독일에서 가장 먼저 유기농산물 운동을 전개했습니다. 기술의 발전 속도만큼 부작용도 빨리 아는 거죠. 3D프린터로 식품을 만드는 기술이 가능해진다고 해도 인간이기 때문에 가지는 인간다움의 추구가 있다고 생각합니다. 우리가 패스트푸드를 즐겨 먹지만, 그 때문에 오히려 웰빙푸드, 슬로우푸드가 각광받고 있잖아요. 인간은 로봇과 달라서 반성을 하고 개선을 할 수 있는 존재입니다. 그러니까 인간성을 믿는 수밖에요.

MC 백 년 전에 자동차가 만들어지고 자동차 없이는 못 산다고 하지만, 그만큼 걷기의 중요성이 부각되는 것과 같겠군요. 네, 또 다른 분의 질문 들어보겠습니다.

질문자4 저는 자동차부품을 개발하는 기술연구소에서 R&D 기획과 기술교육을 맡고 있습니다. 제가 한 연구원님과 비슷한 분야에 있다 보니 고민하는 부분이라 질문을 드리고 싶습니다. 연구개발을 하시면서 후배 혹은 동료 연구원들과 협력하실 일이 많으실 텐데요. 그분들에게 영감을 주고 싶거나 다양한 분야의 경험 또는 생각을 할 수 있게 이끌어나가시기 위해 어떤 방법을 사용하시는지 궁금합니다. 요즘의 트렌드가 인문학과 기술을 접목해서 혁신적인 제품을 만드는 것이기도 하잖아요.
두 번째 질문은, 내가 개발하고 싶은 기술의 사용화 또는 상업성에 대한 딜레마는 없으신지요? 이런 딜레마가 일어날 때, 어

딜레마에 빠질 때,

판단을 하는 가치기준은

사람들이 지금 무엇을 더

가지고 싶어 하는가 하는 것입니다.

사람들이 원하는 것을 만들면

그만큼 시장이 넓어지고,

그럼 연구나 개발을 할 수 있는

경제적 여건이 더 좋아질 테니까요.

떤 가치를 우선시하여 선택을 하시는지 궁금합니다.

한재권 로봇기술이라는 분야가 기술의 최첨단을 달리는 것 같지만, 사실 어느 분야보다 인간에 더 가까운 분야입니다. 왜냐하면 저희가 추구하고 있는 휴먼로이드 로봇은 인간의 형상을 하고 있거든요. 때문에 저희에게 가장 좋은 Reference는 사람입니다. 저희 같은 경우는 이 세상에 없는 기술을 연구하고 아이디어를 내야하기 때문에 어려움이 많습니다. 누군가가 먼저 해놓은 게 있어서 그것을 발전시켜 나가면 좋은데 아예 없으니까요. 그럴 때마다 저희는 항상 사람으로 돌아가려고 합니다.

'사람들은 이걸 어떻게 하지?' '자, 여기서 저 물건을 집어야 돼. 저걸 어떻게 프로그래밍을 할까? 사람은 어떻게 저것을 인식하고 집을까?' 이렇게 계속 사람에 대해 이야기를 주고받으면서 아이디어를 끌어냅니다. 그러면서 자연스럽게 사람을 이해하기 위한 책들을 보게 되죠. 그게 저희가 영감을 받는 방법이고, 서로를 돕고 서로에게 자극을 주는 방법입니다.

그리고 말씀하신 딜레마는 저도 늘 겪고 있습니다. 예를 들어, 지금은 로봇의 보행 속도가 1m per Second라고 쳐요. 근데 이것을 5m per Second로 만들고 싶어요. 그럼 뛰어야 되겠죠. 뛰려면 부수장비도 필요하고, 연구가 더 진행돼야 하는데 로봇이 걷다가 뛴다고 누가 사주나요? 그냥 자랑은 할 수 있겠죠. 때문에 저도 이상과 현실의 균형이라는 부분을 정말 치열하게 고민합니다. 그런 딜레마에 빠질 때, 판단을 하는 가치기준은 사람들이 지금 무엇을 더 가지고 싶어 하는가 하는 것입니다. 우리가 만들고 싶어 하는 것보다는 다수의 사람들이 원하는 것을 우선 가치로 하죠. 그것이 딜레마를 해결할 수 있는 방안이라고 생각해요. 사람들이 원하는 것을 만들면 그만큼 시장이 넓어지고, 그럼 연구나 개발을 할 수 있는 경제적 여건이 더 좋아질 테니까요.

질문자5 저는 기계공학을 전공했는데, TV에서 접한 도라에몽이나 아톰 같은 만화영화의 영향이 큽니다. 일본에서도 친근한 만화나 영화가 계기가 되어서 로봇공학도가 된 사람도 많다고 하는데요.

그런데 서양 쪽은 로봇에 대한 인식이 상당히 다르더라고요. 매트릭스나 터미네이터 같은 영화만 보더라도 로봇 또는 기술이 인류를 몰살시킨다는 부정적인 경향이 많잖아요. 하지만 로봇에 대한 두려움이 강한 만큼 법적인 제도나 관련 연구 모임 등이 활발하다는 점에서는 부정적인 시선도 나쁘지만은 않다고 생각합니다. 두 분께서는 로봇을 어떤 시선으로 봐야 한다고 생각하시는지요?

한재권 우선 문화적인 배경을 좀 이해할 필요가 있을 것 같아요. 서양은 기계문명의 잔인함을 몸소 체험했습니다. 1차 세계대전, 2차 세계대전을 통해서 대량살상무기와 같은 기술이 인간에게 어떻게 잔인하게 사용될 수 있는지 눈으로 보고 몸으로 겪었기에 기술문명에 대한 두려움을 어느 정도 갖고 있는 것이 사실입니다.

그런데 동양은 조금 다릅니다. 동양사상 중에 '물아일체'라는 게 있잖아요. 사람과 사물이 다르지 않다. 이런 식의 사상을 어느 정도 갖고 있죠. 이것은 문화적 차이라고 생각하는데요. 때문에 한 방향으로만 보는 시선은 옳지 않다고 생각합니다. 로봇이 선하게 사용될 수 있다는 긍정적인 믿음을 갖고 개발을 하되, 혹시나 악용될 경우를 대비해서 비판적인 시선으로 대안을 세우는 거죠. 즉, 긍정적인 면을 지향하되, 부정적인 면을 생각해야 합니다. 그러면 조금 더 좋은 로봇, 친근한 로봇이 만들어지지 않을까 생각합니다.

주영하 한 박사님 말씀처럼 아시아의 사상이 서양과 다르기 때문에 그런 시각차이가 있는 것 같습니다. 예를 들어, 일본에는 길거리에 개인적인 물품이 떨어져 있으면 아무도 주워서 자신의 것으로 만들지 않습니다. 일본인들은 신도의 영혼관념을 아직도 믿고 있거든요. 그걸 가져가는 순간, 그 물건에 깃든 영혼이 나에게 피해를 줄 수 있다고 생각하는 겁니다. 물건과 그 주인을 분리해서 생각하지 않죠. 그런데 그리스로마 신화를 비롯해 기독교와 이슬람교 등에서 보듯이 서양의 종교는 이분법적 사고를 갖고 있습니다. 신의 형상을 가진 유일한 피조물이 바로 인간이기 때문에 다른 피조물들과 구분 짓는 거죠. 저는 동아시아의 종교와 철학이 서양의 기술력과 만난다면 어떨까 생각해봤습니다. 서양이 기술로 앞서고 있을지는 몰라도, 철학적 바탕은 우리 쪽이 훨씬 더 유리할 수 있다고 생각합니다.

MC 네, 로봇과 함께 생활하게 될 미래 사회를 대비할 수 있는

좋은 시간이었습니다. 새로운 문화를 만들어 나가는 로봇 그리고
우리의 전통 문화를 지켜주는 로봇에 대한 연구가 더욱 활발해지
길 기대해봅니다.

구해줘, 로봇!

CHAPTER 5

빅 데이터는 단순한 기술이 아니라
모두를 이해하는 툴이고
그것을 통해 결국에는
모두를 배려할 수 있습니다.

빅 데이터,
세상을 읽다

송길영

'세상을 읽을 수 있을까?' '세상을 왜 읽어야 하는가.' '읽어서 무엇이 바뀌는가.'에 대한 이야기를 해보겠습니다.

오늘 강연의 주제는 사람의 마음을 읽는 것입니다. 제가 하는 일은 data를 mining하는 것이 아니라, mind를 mining하는 겁니다. 인간의 mind를 탐구하는 거죠. 우리가 제품을 만들기 위해서 태어난 건 아니잖아요. 하다 보니 목구멍이 포도청이라 그걸 하고 있을 뿐이지. 그리고 제품은 그 제품을 능가하는 새로운 제품이 나오는 순간 없어집니다. 대표적인 케이스가 노키아입니다. 노키아는 잘못한 게 없죠. 그냥 하던 대로 했을 뿐입니다. 그런데 새로운 기업들이 새로운 기술력과 '이것은 휴대폰이 아니야'라는 새로운 개념으로 제품을 팔기 시작하자 노키아는 힘들어진 거죠. 그래서 필연적으로 우리의 관심은 제품을 넘어가게 됩니다.

제품 너머에 무엇이 있었을까요? 바로 산업이었습니다. 스마트폰 산업, 캐리어 산업… 그러다 일상의 중요성을 보게 됩니다. 결국 산업이 내놓는 수많은 솔루션은 우리 일상을 도와주기 위

215⁺

한 것이기 때문입니다.

일상이 쌓이면 삶이 됩니다. 삶이 쌓이면 사회가 되고, 사회가 쌓이면 문화가 되고, 그런 것들이 켜켜이 쌓이면 역사가 됩니다. 어느 순간에 저희는 제품을 보는 것은 굉장히 낮은 단계의 이해구나라는 걸 깨닫게 되었고 자연스럽게 총체적인 시각Holistic View을 갖기 시작했어요. 저희도 처음부터 지금과 같은 일을 하는 회사가 아니었습니다. 그런데 다행히도 어느 순간엔가 인간과 인생에 대한 고민을 하기 시작한 겁니다.

일상을 읽으면 욕망이 보인다

일단 하나의 예제를 보여드리겠습니다. 제품이 놓인 일상에 대한 고민을 한 번 해봅시다. 여기 보이는 리모컨에 대해 고민을 해보도록 합시다. 저희는 여러분이 남긴 글을 분석하는 일을 하기 때문에, 여러분이 '리모컨'에 대해서 이야기했을 때, 같이 언급했던 정보들을 본 것입니다.

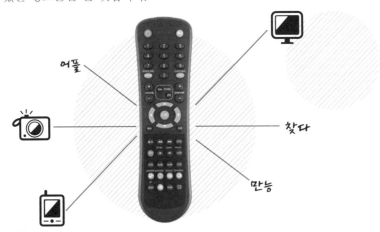

'리모컨'의 연관어로 스마트TV, 카메라 이런 것들이 잔뜩 나오죠. 그런데 특이하게도 '찾다'가 나옵니다. 우리는 리모컨을 늘 찾아다닙니다. 왜 항상 없어질까? 그런데 알고 보면, 별다른 이유가 있는 것은 아닙니다. 모두 본인이 저지른 일들이지요. TV 프로그램을 튼 다음, 동생이 채널을 바꿀 수 없게 리모컨을 숨겨버리는 거예요. 또는 리모컨을 들고 식탁에 앉아서 라면을 먹어요. 그리고는 어디에 뒀는지 잊어버리는 겁니다. 심지어 어떤 어머니들은 리모컨을 자기도 모르게 냉동실에 넣어버립니다. 어느 순간엔가 리모컨을 들고 있었지만 리모컨에 대해 주의를 잃는 순간 어디 있는지 잊어버리게 되는 거죠.

리모컨 제조사는 이런 모습을 희망합니다.

광고를 보면 멋진 옷을 입은 연예인이 나와서 TV화면을 향해서 단정하게 또는 멋있게 팔을 뻗어서 채널을 돌리잖아요. 그런데 우리가 리모컨을 사용할 때 이런 경우는 거의 없습니다. 대부분의 사람들은 침대에 누워서 이불 속에서 비스듬히 리모컨을 갖고 채널을 바꾸잖아요. 그래서 이불을 뒤집으면 그때 리모컨이 떨어지곤 하는 거죠. 모션인식 리모컨이 대부분 성공하지 못하는 이유가 거기 있습니다. 제조사는 앉아서 정좌한 상태로 열심히 리모컨을 조작하기를 희망하지만 대부분은 TV를 볼 때 누워있어요. 그게 맞지 않는 겁니다.

다른 사례로 액정 화면이 달린 리모컨은 어떤가요? 휴대폰은 버튼과 실제 인터페이스가 연결되어 있습니다. 그러니까 사람들이 휴대폰을 보면서 사용합니다. 그런데 리모컨은 눈은 TV화면에 가 있는 채로 조정을 하거든요. 리모컨을 볼 일이 없기 때문에, 액정 화면이 달린 리모컨은 실패하는 것입니다. 이렇듯 기술이 앞선다고 해도 인간의 일상을 배려하지 않으면 제품은 소멸합니다. 따라서 제조사도 기술이 중요한 것이 아니라 인간이 중요하다는 것을 어느 순간 깨닫게 됩니다. 기계에 대한 목표와 실제상황은 다르다는 사실을 인식하게 되는 것이죠. 그런 이유로 수많은 기술 자체에만 집중하던 것을 과감히 잊어버리고 인간 앞으로 돌아가라는 겁니다. 왜냐하면 인간을 배재한 기술은 살아남을 수 없기 때문에. 결국엔 기술의 중심에 인간이 있다는 것을 알 수 있습니다.

욕망을 읽으면 기술이 보인다

나의 불안이다 욕망이 돈으로 환급되는 것이지
동네나 위치는 아무런 가치를 가지지 않아요.
결국에 인간의 욕망이 거기에 구체화되어있는 것뿐이죠.
그렇기 때문에 우리가 봐야 할 것은 인간의 욕망이고,
그것을 나타내는 것이 데이터가 되는 겁니다.

오전 9시의 각성 점심식사 이후의 휴식 오후의 해우소
감정의 메타포로 커피가 사용되고 있는 겁니다.

욕망, 묻지 말고 관찰하라

그래서 저는 일상을 봅니다. 우리 일상을 보면 우리의 욕망이 보이고, 욕망을 통해서 우리가 어떤 부분에 집중해야 하는지가 보이기 때문입니다.

여러분에게 역세권이라는 것은 어떤 의미입니까? 다른 곳에 비해 전세금이 한 1억 정도 더 비싸죠. 그 이유에 대해서 물으면 대부분 별 다른 생각 없이 "거기 원래 비싼 동네야." "편리하잖아."라고 말합니다. 그러나 그렇지 않습니다. 실제로는 '나 15분만 더 자고 싶어. 나 늦게 가면 엄청 깨지는데…' 거기에 수천만 원을 들이는 겁니다. 나의 불안이나 욕망이 돈으로 환급되는 것이지 동네나 위치는 아무런 가치를 가지지 않아요. 결국에 인간의 욕망이 거기에 구체화되어있는 것뿐이라는 거죠. 그렇기 때문에 우리가 봐야 할 것은 인간의 욕망이고, 그것을 나타내는 것이 데이터가 되는 겁니다.

커피에 대한 데이터를 한 번 볼까요? 데이터를 통해 알 수 있는 것은 사람들이 보통 커피를 하루 세 번 마신다는 겁니다. 오전 9시경에 한 번, 1시경에 한 번, 오후 4시경에 한 번. 이 세 타임의 커피가 같은 것일까요? 그렇지 않습니다. 이 데이터를 통해 커피는 단순히 카페인을 의미하는 것이 아니라는 것을 알 수 있습니다. 커피라는 물성을 파는 것이 아니라 오전의 각성, 점심식사 이후의 휴식, 오후의 해우소 등 각각 다른 형태의 감정을 팔고 있는 것이죠. 그리고 그 감정의 메타포로 커피가 사용되고 있는 겁니다. 카페를 창업하면서 커피 원가와 그에 맞는 가격을 계산하고 있는

욕망을 읽으면 기술이 보인다

사람들을 관찰하고, 그 속에서 맥락을 이해한 다음,
사람들이 원하는 것이 무엇인지를 유추하는 겁니다.
그러면 자연스럽게 사람들이 원하는 것을 줄 수 있겠죠.

사람은 커피라는 상품을 한참 잘못 이해하고 있는 겁니다. 이제는 물성을 넘어선 사람의 마음까지 보지 못하면 실패합니다. 사람들이 원하는 것은 기술이 아닌 그 이상의 배려이기 때문입니다.

그래서 최근의 마케팅 트렌드는 묻는 것이 아니라 관찰하는 것입니다. 인류학에서 이야기하는 ethnography 같은 방법으로 사람들을 관찰하고, 그 속에서 맥락을 이해한 다음, 사람들이 원하는 것이 무엇인지를 유추하는 겁니다. 그러면 자연스럽게 사람들이 원하는 것을 줄 수 있겠죠. 사람들의 행동을 보고 그 속에서 맥락을 찾고, 그것으로부터 욕망을 추출한 다음, 원하는 것을 만들어주는 작업이 저희가 하는 일입니다. '왜', '언제', '무엇을', '어떻게'에 대한 부분들을 관찰하다보면 우리의 삶에 대한 깊은 이해를 할 수 있고, 이것을 기반으로 사람들이 좀 더 편리하고 좋은 활동을 할 수 있도록 만들어주는 것이 순리겠죠. 원하는 것을 주는 것이 순리입니다. 그런데 우리는 사람들은 원치 않는데 내가 급하니까 사람들에게 우기는 실수를 자주 범하곤 하지요. 이번 달에 매출을 얼마정도 올려야 하니까, 나도 모르게 사람들에게 사라고 협박하고 우기고 있는 겁니다. 사람들을 관찰하고 그 마음을 이해하면 사람들이 원하는 것을 줄 수 있다는 사실을 항상 기억하시기 바랍니다.

더 깊이 들어가 보도록 하겠습니다. 그럼 기술의 발달이라는 것이 얼마나 의미가 있을까요?

자, 와이파이라는 신기술이 나왔어요. 이런 신기술은 딸에게 자유를, 아들에게 재미를, 아빠에게 고독을 주었습니다. 어떻습니까? 이것이 바로 주체와 객체와 시공간이 결합된 욕망의 산출물입니다. 다시 말해, 맥락적 인간이해가 필요하다는 것입니다. 좋은 기술을 주면 행복해질 것 같죠? 절대 그런 일은 없습니다. 그것보다 그 기술이 야기한 결과consequence를 보지 못하면 우리 인간은 불행해질 수밖에 없어요. 왜냐하면 또 다른 기술이 아주 단편적인 문제는 해결할 수 있지만, 이어지는 수많은 연쇄반응chain reaction에 대한 부분에는 속수무책이기 때문입니다.

여러분에게 TV는 어떤 의미입니까? 거실의 의미를 키우는 것이 TV의 역할이에요. 그렇기 때문에 TV를 만들 때 거실을 보는 겁니다. 거실을 보려면 집을 봐야죠. 집을 보려면 인생을 봐야 합니다. 실제로 저희가 한 프로젝트입니다. 어때요? 여기까지 고민하십니까? 여기까지 고민해야지만 기술 그 이상의 부가가치를 요구할 수 있는 겁니다. 이런 고민은 인간을 총체적으로 이해할 수 있도록 도와줍니다. 거기서 시각의 확장이 이루어집니다. 즉, 타인을 타인으로 보는 것이 아니라 나, 즉 주체로 보는 것입니다.

데이터를 통해서 우리는 인간 하나하나를 볼 수 있고, 그 인간의 모둠인 사회 구조를 볼 수 있습니다. 따라서 빅 데이터는 단순히 기술이 아니라 결국에는 모두를 이해하는 툴입니다. 이것을 통해 우리는 결국 모두를 배려할 수 있는 수준에까지 도달하게 되겠죠. 이상으로 강연을 마치겠습니다. 감사합니다.

송길영 다음소프트 부사장
이화여자대학교 경영학과 겸임교수
한국BI데이터마이닝학회 이사
저서 〈여기에 당신의 욕망이 보인다〉

욕망을 읽으면 기술이 보인다

기계는 인간의 경쟁상대일까요?
하이테크 능력이 발전할수록
개념과 감성이 강조될 것입니다.

인공지능과 로봇이
바꾸는 사회

정지훈

인공지능 VS 인간지능

　　다음은 제퍼디Jeopardy라는 유명한 퀴즈쇼의 한 장면입니다. 왼쪽에 있는 사람은 이 퀴즈쇼에서 64주간 1등이라는 최고 기록을 가지고 있고, 오른쪽에 있는 사람은 이 퀴즈쇼에서 수십 년 역사상 가장 돈을 많이 딴 사람입니다. 그리고 가운데 있는 것은 2011년에 IBM에서 만든 슈퍼컴퓨터 왓슨Watson 입니다. 왓슨은 우

　　　　　　　　　　　　　　욕망을 읽으면 기술이 보인다

리가 흔히 말하는 자연어Natural Language를 처리할 줄 알아요. 물론 아직까지는 영어에 대해서만 그렇습니다. 그래서 영어로 무언가를 가르치면 알아듣고 열심히 학습할 수 있지요. 그런 왓슨에게 퀴즈대회 학습을 시켜서 퀴즈쇼의 전설인 두 사람과 경쟁을 하게 해본 겁니다. 결과는 어땠을까요? 보시다시피 왓슨이 1등을 거머쥐었습니다. 이 퀴즈쇼를 영상으로 보시면 더 충격적인데요. 마치 사람처럼 왓슨이 농담까지 해가면서 퀴즈를 풉니다. 이 퀴즈대회 이후 왓슨은 엄청난 스타덤에 오르게 되지요. 그러면서 최근에는 IBM이 왓슨 그룹, 즉 이러한 인공지능 기술개발에 1조2천억 원 정도를 투자하기로 결정합니다.

그 뒤에 왓슨이 가게 된 곳이 뉴욕에 있는 메모리얼 슬론-케터링 암센터Memorial Sloan-Kettering Cancer Center 입니다. 이곳에서 의사가 레지던트를 트레이닝 하듯이 왓슨을 데리고 다니면서 1년 간 암 공부를 시켰습니다. 물론 왓슨은 아이패드에 설치가 되어 있고, 서버가 클라우드에 저장되는 형식이었죠. 그러니까 이 슈퍼컴퓨터가 환자 의무기록을 볼 줄 알게 되고, 웬만한 전문의보다 나은 수준까지 되었습니다. 그래서 이제는 의사가 왓슨과 이런 식의 대화를 나눕니다. "이 환자는 어떻게 치료하는 것이 좋을까?" "78% 확률로 위암일 것 같은데, 첫 번째 선택 약재는 이것입니다." 그러면 그걸 참고로 의사가 진단을 내리고 치료를 하는 겁니다. 여기까지는 그래도 봐줄만 했습니다. 제가 충격 받은 것은 그다음이었습니다.

여러분이 만약 암센터를 광고해야한다면 어떻게 하시겠습니

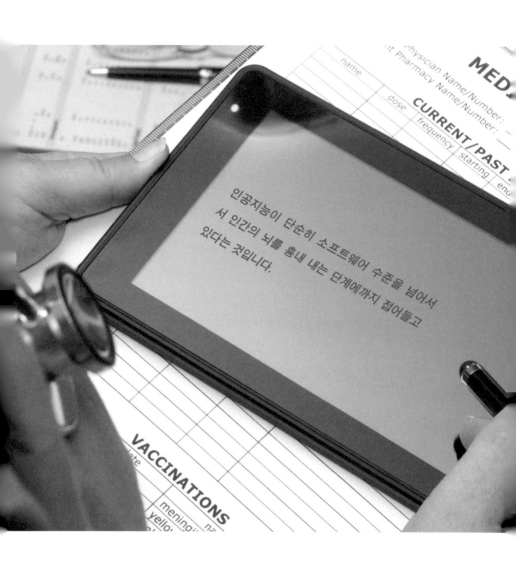

인공지능이 단순히 소프트웨어 수준을 넘어서 인간의 뇌를 흉내 내는 단계에까지 접어들고 있다는 것입니다.

까? 아마 '우리 병원에는 OOO과 같은 세계 최고의 의사가 진료하고 있습니다'라고 광고하지 않겠어요? 그런데 작년에 메모리얼 슬론-케터링 암센터에서는 이런 광고를 합니다. '우리는 IBM의 왓슨이 함께 진료합니다.' 메모리얼 슬론-케터링 암센터는 M.D 앤더슨 암센터M.D.Anderson Cancer Center와 함께 암센터의 세계 양대 산맥이라 불리는 곳입니다. 그런데 인공지능 컴퓨터를 놓고서 이 아이가 진료하기 때문에 더 안전하다고 광고하고 있는 겁니다. 의사 입장에서는 매우 자존심 상하는 이야기겠지요.

뒤이어 IBM에서 왓슨 2.0계획이란 걸 발표합니다. 이런 인공지능 컴퓨터를 단독으로만 사용하지 않고, 다양한 영역의 제3자Third Party들이 붙어서 하나의 생태계를 연다는 계획입니다. 심지어는 모바일에서도 쉽게 접근할 수 있도록 모바일 웹서비스 SDK(Software Development Kit, 소프트웨어 개발을 위한 도구들)도 이미 오픈했고, 주요 파트너까지 선정한 상태입니다. 2015년쯤 되면 이 생태계조성 프로젝트가 매우 확산될 것으로 예상됩니다. 아직까지는 왓슨이 영어밖에 못 하기 때문에 우리나라에서 뭘 시도하기에는 시간이 좀 걸릴 겁니다. 하지만 영어권에서는 이미 '이거 장난이 아닌데?' 하는 단계에까지 와있습니다.

인간을 닮아가는 컴퓨터

여기서 한 단계 더 들어가기 전에 기술적인 문제를 조금 더 짚고 넘어가야 할 것 같은데요.

혹시 컴퓨터라는 것의 정체가 뭔지 아세요? 컴퓨터의 정체는 계산기입니다. 원래 컴퓨터는 전쟁을 하기 위해 만들어진 기계입니다. 제일 첫 번째로 군의 지원을 받아서 포탄 탄도 계산과 관련된 프로젝트 같은 것들을 진행했죠. 결정적으로 커다란 계산이 들어가기 시작한 것은 원자탄을 만드는 맨해튼 프로젝트였어요. 연쇄반응chain reaction부터 시작해서 물리학 시뮬레이션을 해야 하는데 방법이 없는 겁니다. 한마디로 몹시 많은 데이터를 최대한 빠르게 계산할 수 있는 계산기가 필요했던 것이죠. 그렇게 해서 만들어지고 상용화된 것이 컴퓨터입니다. 이런 컴퓨터를 연구자의 이름을 따서 폰노이만 컴퓨터von Neumann computer라고 부릅니다. 폰노이만 컴퓨터는 크게 다섯 가지(중앙처리장치, 메모리, 보조기억장치, 입력장치, 출력장치)로 구성되어 있습니다. 그냥 거대한 계산기라고 보시면 됩니다. 속도가 빨라지고 데이터 처리량이 많아져서 우리가 알고 있는 수많은 혁신을 일궈냈지만, 결국 계산기일 뿐입니다. 인간의 뇌와는 너무 다르지요. 폰노이만 컴퓨터의 가장 치명적인 약점은 뭘까요? 유연한 생각이 어렵다는 것입니다.

그에 비해 인간의 뇌를 컴퓨터에 비유하자면, 병렬처리식 컴퓨터입니다. 수십억 개 수조 개의 신경세포가 연결되어 있고 중앙처리장치는 없어요. 그냥 모든 부분이 분산되어서 여러 다른 생각을 합니다. 그런데 폰노이만 컴퓨터는 인간의 뇌와 너무 다르기 때문에 학습을 하거나 유연한 사고를 하기 어렵지요. 그래서 미국방위고등연구계획국DARPA에서 IBM과 코넬 대학 등의 연구 컨소시엄에 투자를 해서 최근에는 이런 칩이 만들어졌습니다.

욕망을 읽으면 기술이 보인다

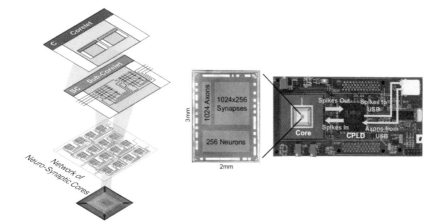

뉴런, 시냅스 같은 단어가 쓰여 있고, 컴퓨터 칩이 이상하게 생겼죠? 저것은 마치 인간의 뇌세포처럼 신경세포들이 256개를 시뮬레이션할 수 있고, 각각의 신경세포마다 1,024개 정도의 연결고리를 가질 수 있도록 네트워크를 연결해놓았다는 의미입니다. 실제로 수백만 개의 프로세스가 동시에 움직여요. 그리고 메모리가 없어요. 인간의 뇌도 메모리라는 게 따로 있지 않거든요. 인간의 뇌는 네트워크로 되어 있는데 네트워크로 가는 길이 일종의 기억으로 남기도 하고, 답을 내는 방법이 되기도 하는 등 통합적으로 활동합니다. 그런데 그런 인간의 뇌처럼 칩을 만들어내기 시작한 것입니다. 그런데 저렇게 했더니 많은 것을 축적하기는 힘든 겁니다. 그래서 기존의 2D 방식이 아니라 칩을 쌓아올리는 방식의 3D 컴퓨터에 대한 연구가 시작되었습니다. 인간의 뇌와 한층 더 유사하게 만들어보겠다는 것이죠.

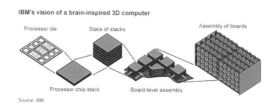

그런데 저런 설계가 성공하기란 매우 어렵습니다. 왜 그럴까요? 열 때문입니다. 2D 형식으로 되어 있으면 위아래로 공기가 지나다니기 때문에 열이 빠져나가는데, 저렇게 쌓아놓으면 공기가 잘 통하지 않아 열이 빠져나가지 못하고 칩이 녹아내리고 맙니다. 이걸 해결하기 위해서 다시 뇌를 공부하기 시작했습니다. 인간의 뇌는 수많은 뉴런들이 연결되어 있음에도 불구하고 왜 과열되지 않는 걸까? 첫째는 에너지 소비가 크지 않기 때문입니다. 최근 우리가 사용하고 있는 컴퓨터를 작동시키려면, 스마트폰과 같은 경우에도 여러 기가Hz 정도의 속도가 나오는 AP(Application Processor, 과거의 중앙처리장치 CPU에 해당)가 필요한데, 인간의 뇌는 10Hz로 작동합니다. 컴퓨터와 비교하면 속도에서 대결이 안 되지만, 그 만큼 소모되는 에너지는 적고 열도 덜 발생합니다. 둘째는 인간의 뇌에 물이 많기 때문입니다. 뇌 전체를 둘러싼 혈관을 통해 산소나 당과 같은 에너지원을 공급하고, 열이나 남은 찌꺼기는 배출하지요. 그러니까 마치 수냉식 열발산장치처럼 인간의 뇌에서는 열이 많이 집중되어 타버리는 현상이 발생하지 않습니다. 그렇다면, 앞서 말한 3D칩이 녹는 문제를 해결하기 위해서 어떻게 해야 할까요?

보시는 것과 같이 전력공급을 할 때 파워를 꽂지 않고, 전해질 이온이 담겨있는 액체를 이용해서 정맥과 동맥처럼 아주 약간의 수액 같은 것이 칩 전체에 흐르게 하는 겁니다. 이렇게 공급되는 전해질 액체에 서로 다른 전해질 이온의 성질을 가진 것을 동맥과 정맥처럼 공급하면, 이들의 전기적 성질의 차이로 인해 전기

욕망을 읽으면 기술이 보인다

에너지가 공급되고 인간의 뇌
에서와 마찬가지로 전해질 액
체가 빠져나오면서 열을 가지
고 나오는 방식이죠. 저런 장치
들을 쭉 쌓아올려서 만든다면
인간의 뇌와 매우 유사한 방식의 컴퓨터를 만들 수 있습니다. 인
공지능이 단순히 소프트웨어 수준을 넘어서서 인간의 뇌를 흉내
내는 단계에까지 접어들고 있다는 것입니다.

로봇의 역할 변화와 미래 사회의 판도

　두 번째로 이야기하고 싶은 것은 로봇의 역할변화입니다. 로
봇이 나온 지는 꽤 오래되었습니다. 하지만 산업용 로봇이 잘 보
급되지는 못했습니다. 왜 그럴까요? 간단합니다. 비싸기 때문입니
다. 라인에 로봇들을 전부 깔아야 하고, 그 로봇들이 정해진 일을
할 수 있도록 프로그래밍을 해야 하는데 로봇 프로그래밍을 할
수 있는 사람이 많지 않죠. 설사 설치를 했다손 치더라도 프로젝
트가 바뀌게 되면 로봇들을 다시 다 새롭게 프로그래밍해야 합니
다. 큰 기업은 몰라도 중소기업들은 절대 사용할 수 없겠죠.

　지금 보시는 사진은 2013년에 나온 리씽크 로보틱스rethink ro-
botics라는 회사의 로봇입니다. 이 로봇은 제조에 필요한 모든 툴들
이 있어서 다양한 업무를 수행할 수 있습니다. 게다가 이 로봇에
는 학습 버튼이 있어서 해야 할 일을 트레이너가 로봇의 팔들을

움직여서 알려준 다음에 해당 버튼을 누르면 저절로 학습이 됩니다. 학습시킨 동작을 잘하지 못하면 재학습, 실수하면 또 학습, 이런 식으로 반복 학습을 시킵니다. 그런 다음에 라인에 배치를 하면 끝나는 겁니다. 특별하게 프로그래밍을 할 필요가 없는 것이지요. 가격도 2만2천 달러로 매우 쌉니다. 미국의 경우 제조업 근로자의 1년 연봉을 4~5만 달러로 보는데, 1년 연봉으로 2대를 살 수 있는 셈입니다. 물론 숙련공에 비해 이 로봇의 속도가 떨어지긴 합니다. 하지만 엄청난 장점이 있죠.

첫째, 24시간 일할 수 있습니다. 둘째, 파업도 안 합니다. 뭔가 굉장한 변화가 일어나고 있다는 게 느껴지시죠?

욕망을 읽으면 기술이 보인다

뭔가 굉장한 변화가 일어나고 있다는 게
느껴지시죠?
이렇게 되면 사실 제조업의 판도가
크게 변하게 됩니다.

이렇게 되면 사실 제조업의 판도가 크게 변하게 됩니다. 이제는 제조업이 중국 같은 나라로 갈 필요가 없어지겠죠? 제조업이 한창 중국으로 이동하던 2000년 정도에, 중국의 인건비는 미국 시급의 6~7%정도였습니다. 자그마치 15~16분의 1이었죠. 때문에 원가 절감을 원하는 제조사들이 모두 중국으로 옮겨갔습니다. 그런데 중국의 인건비도 2010년 넘어서는 15%대까지 올라왔습니다. 이것은 멕시코의 인건비와 비슷한 수준입니다. 이렇게 되면 가까운 지역으로 가는 것이 유리해지지요. 그래서 요즘에는 제조사가 미국으로 리턴하고 있는 추세입니다. 월드 이코노믹 포럼에서는 '선진국의 역습'이라는 표현까지 사용할 정도죠. 예를 들어, 테슬라 자동차의 경우 공장이 미국 캘리포니아에 있습니다. 땅값과 인건비가 제일 비싼 곳에서 공장을 운영할 수 있는 이유는 공정의 98%를 로봇이 수행하는 로봇공정이기 때문입니다.

우리나라도 로봇에 1조원 가까이 투자를 했습니다. 상당히 많이 투자를 한 셈이죠. 그런데 안타까운 것은 우리나라는 대부분 하드웨어 중심으로 투자를 했다는 점입니다. 지금 로봇기술의 헤게모니hegemony는 그와는 다르게 로봇 운영체제ROS:Robot Operating System가 잡고 있거든요.

왼쪽은 10만 불이 넘는 로봇이고 오른쪽은 500불정도 되는 로봇입니다. 수행하는 일의 분야나 종류는 크게 차이가 나지 않습니다. 그런데 왼쪽은 왜 더 비쌀까요? 왼쪽 로봇은 저 몸체 안에 많은 부분들을 처리하는 컴퓨터가 다 들어가 있어서 스스로 보고 판단할 수 있거든요. 오른쪽의 로봇은 보고, 듣고, 내용을

욕망을 읽으면 기술이 보인다

파악하고 움직이는 대부분을 클라우드에서 처리합니다. 클라우드 기반의 컴퓨터라고 해서 구글이 옛날부터 투자해왔던 것인데요. 네트워크로 조종이 되기 때문에 저렴한 로봇을 대량 생산할 수 있는 장점이 있습니다. 그런데 문제는 이런 운영체제를 받쳐줄 수 있는 하드웨어가 없다는 것입니다. 소프트웨어만큼 하드웨어도 어느 정도 수준이 되어야 혁신이 일어나는 법인데, 구글이 백날 운영체계를 개발해도 로봇회사들이 따라오지 못해 실현을 못하는 겁니다. 답답한 나머지 최근에는 구글이 세계 랭킹 1위~10위에 올라 있는 로봇 회사 중 여덟 개를 인수합니다. 수장으로 안드로이드 운영체제를 만든 앤드류 루빈을 임명하고, 현재 나사의 연구센터인 에이미스 리서치 센터가 있는 마운틴 뷰에 세계적인 로봇센터를 만드는 작업을 진행 중입니다.

인간은 기계의 경쟁 상대인가

로봇기술의 발달은 미래 사회에 많은 변화를 가져다줄 것입니다. 그 중에서도 오늘은 일자리에 대해 이야기해볼까 합니다. MIT의 에릭 브린욜프슨Erik Brynjolfsson, 앤드루 매카피Andrew McAfee 교수가 쓴『기계와의 경쟁Race against the machine』이란 책에 다음과 같은 도표가 나옵니다.

결국 미래사회에서 우리는
일자리를 놓고
인공지능이나 로봇과
경쟁을 하게 되겠지요.

Percentage change in occupational employment shares

Source: May/ORG CPS data for earnings years 1979-2007. See note to Figure 12. The 10 broad occupations are classified as belonging to one of three broad skill groups.

오랫동안 노동시장연구를 해왔던 MIT의 데이빗 오토David Autor
교수가 지난 30년 동안의 일자리 변화를 데이터화시켜 만든 도
표입니다. 이 도표를 보면, 고학력과 저학력의 경우 일자리 변동
이 크지 않습니다. 그런데 중간 정도의 교육을 받은 사람들의 일
자리는 급격하게 없어지고 있습니다. 이렇게 된 이유는 간단합니
다. 기계, 컴퓨터, 인공지능, 로봇 등이 일자리를 대체하기 때문입
니다. 결국 미래사회에서 우리는 일자리를 놓고 인공지능이나 로
봇과 경쟁을 하게 되겠지요.

존 헨리란 사람이 있었습니다. 드릴 기계가 처음 소개 됐을
때, 인간이 기계보다 더 세다는 것을 보여주겠다고 드릴 기계와
경쟁을 합니다. 드릴 기계가 땅을 파는 동안 이 사람도 열심히 땅
을 파는 거죠. 결과는 어땠을까요? 존 헨리가 드릴 기계를 이겼습
니다. 그런데 너무 무리를 한 나머지 심장마비로 죽고 맙니다. 기
계와의 경쟁이라는 그의 선택이 과연 옳은 것이었을까요?

앞서 말씀드렸던 왓슨과 비슷하게 체스를 훈련받은 딥 블루 Deep Blue라는 기계가 있었습니다. 당시 체스 세계 챔피언이었던 게리 카스파로프Garry Kasparov와 체스 대결을 해서 이깁니다. 그 후에 체스 기계와 인간의 능력에 대한 연구가 계속 이어졌는데, 체스의 최강자는 누구로 결정되었을까요? 재미있게도 딥 블루라는 기계와 인간의 협력 그룹이 가장 세다는 결론이 납니다. 기계는 인간의 경쟁상대일까요?

앞서 암 센터의 예를 들어드렸죠? 기계가 아무리 똑똑해도 모든 것을 맡길 수는 없습니다. 기계는 책임을 질 수 없기 때문입니다. 병원 방사선과에 가보세요. 방사선치료는 모두 로봇이 합니다. 하지만 치료를 지시하고 실행버튼을 누르는 것은 사람입니다.

그렇다면 앞으로 도래할 기계의 시대에 각광받는 사람은 누구일까요? 뉴욕타임즈의 데이빗 브룩스David Brooks는 『세컨드 머신 Second Machine』이라는 책에서 산업혁명 이후 제 2의 기계시대가 왔다고 주장하고 있습니다. 그러면서 그는 기계가 대체할 수 없으며 기계와 함께 더 나은 것을 이룰 수 있는 사람을 크게 네 가지 정도로 기술하고 있습니다.

첫째, 세상을 이해하려는 강렬한 모험심이 있는 사람.
둘째, 일에 대한 열정이 있는 사람.
셋째, 핵심을 파악하는 통찰력이 있는 사람.
넷째, 대중의 관심을 끌고 마음속에 깊은 인상을 남기는 감성적 공감이 있는 사람.

욕망을 읽으면 기술이 보인다

기계는 인간의 경쟁상대일까요?
앞으로 도래할 기계의 시대에 각광받는 사람은

누구일까요?

다니엘 핑크Daniel Pink는 『새로운 미래가 온다A Whole New Mind』라는 책을 통해 앞으로 도래할 시대는 '하이컨셉 & 하이터치' 시대라고 말했습니다. 하이컨셉은 예술적 감성적 아름다움을 창조하는 능력을 말하고, 하이터치는 공감을 이끌어내는 능력을 말합니다. 즉, 하이테크사회가 도래할수록 개념과 감성이 강조될 것이라는 것입니다. 이는 앞서 인간의 뇌를 닮아가는 인공지능이나 기술과 대결하는 인간에 대한 사례를 통해 본 것과 같이 기술과 분리된 인문, 인간과 분리된 기술만으로는 미래를 살아나갈 수 없음을 의미하겠지요. 이것으로 강연을 마치겠습니다. 감사합니다.

정지훈
경희사이버대학교 모바일융합학과 교수
2010년 정진기 언론문화 장려상 수상
저서 〈거의 모든 IT의 역사〉, 〈내 아이가 만날 미래〉, 〈무엇이 세상을 바꿀 것인가〉 등

욕망을 읽으면 기술이 보인다

Talk show

더 나은 삶을 향한
한 걸음

MC 좋은 강연 고맙습니다. 저는 강연을 들으면서 앞으로 '사람을 읽는 로봇도 나오지 않을까?' 이런 생각을 해보기도 했는데요. 몇 가지 질문을 받고 더 이야기를 나눠보도록 하죠.

질문자1 저는 언론사에서 근무를 하고 있는데, 다양한 뉴스들을 접하는 곳이다 보니 요즘 일어나고 있는 IT붐을 몸소 느끼고 있습니다. 사물인터넷이나 무인배달시스템 등 지금 외국에서는 로봇생태계가 벌써 조성이 되고 있는 것 같은데요. 그렇다면 과연 국내에서도 이런 생태계 조성이 가능할지, 국내의 현실에 비추어 의견을 듣고 싶습니다.

정지훈 국내의 도입은 사실 기술만의 문제가 아닙니다. 규제나 인식, 문화적인 부분들도 함께 가야 하는 부분이죠. 구글이 로봇회사를 인수하고 나서, 회사 내부에 로봇과 관련된 산업에 대한 윤리보드를 설치했어요. 무슨 말이냐면 산업적 접근뿐 아니라 철

욕망을 읽으면 기술이 보인다

학적, 사회적 합의가 일어날 수 있는가에 대한 질문이 이루어지고 있다는 겁니다.

사회적 합의가 먼저 일어나는 곳에서 먼저 도입될 수 있을 텐데, 제 생각에는 우리나라의 사회적 특성상 도입 시기가 비교적 늦을 것이라고 봅니다. 규제에 해당하는 부분, 일자리 문제, 그리고 세계의 트렌드. 이 세 가지의 경중을 따져서 어느 쪽으로 사회적 합의가 이루어지느냐에 따라 그 시기가 정해질 것이라 생각합니다. 밀어붙이기 보다는 어차피 미래에 일어날 일이라면, 가능한 적은 피해를 보면서 도입해나갈 수 있도록 총체적인 접근을 해야 합니다.

MC 송길영 부사장님께서는 어떠십니까. 우리의 일상 속에서 이런 기계들이 함께 할 수 있는 부분이 있는지, 어디까지 갈 수 있는지 궁금한데요.

송길영 사람들이 원하느냐 원하지 않느냐가 중요할 것 같아요. 우리는 맹목적으로 더 나아진 삶을 얘기하고 있지만, 거기에 들어가는 비용과 또 다른 사람들에게 미치는 영향에 대한 부분들은 간과하는 경우가 많거든요. 예를 들어서, 슈퍼마켓에서 RFID로 계

산이 되는 기술이 도입된다고 생각
해보세요. 계산대에 줄을 서지 않아
도 되고 카트를 끌고 쑥 지나가기만 하면
되니까 편하겠죠. 그런데 유럽의 까르푸나
테스코 같은 기업의 노조에서는 그걸 반대
했습니다. 그 기술이 도입되는 순간 4천 명
의 캐셔가 직장을 잃는 거예요. 말씀하신
첨단 기술들이 국내에 도입될 경우, 국내의 수많은 사람들이 직장
을 잃게 될 텐데 그로 말미암은 충격은 누가 어떻게 흡수할 것인
지 고민해야겠죠.

'더 나은 삶'에 대한 생각이 사람마다 다르거든요. 다수의 사
람이 희생하는데 소수의 사람이 돈을 잘 벌기 위해 기술을 도입
하는 것은 주객이 전도된 거죠. 기술 자체가 목적이 된 형태의 기
술개발이나 도입이 있어서는 안 된다는 것이 저의 생각입니다.

MC 네 그렇군요. 주객이 전도되는 일이 없도록 신중한 논의
가 필요하다는 말씀이셨습니다. 또 다른 질문을 받아보겠습니다.

질문자2 송길영 부사장님께 여쭤보겠습니다. 구글 같은 기업
을 보면 상당히 다양한 분야에서 다양하고 혁신적인 실험을 많이
합니다. 다음도 구글 못지않게 한국 사회에서 다양한 혁신을 일으
키고 있다고 생각하는데요. 앞으로 어떤 미래를 한국 사회에 보여
줄 것인지, 우리의 역할은 무엇인지 궁금합니다.

욕망을 읽으면 기술이 보인다

'더 나은 삶'에 대한 생각이 사람마다 다르거든요.
다수의 사람이 희생하는데 소수의 사람이 돈을 잘 벌기 위해
기술을 도입하는 것은 주객이 전도된 거죠.
기술 자체가 목적이 된 형태의 기술개발이나 도입이 있어서는
안 된다는 것이 저의 생각입니다.

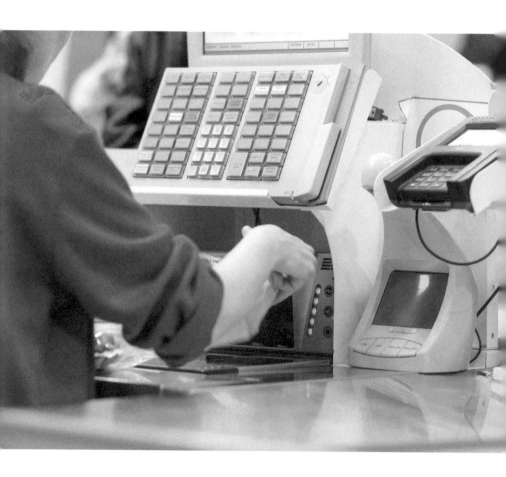

송길영 저희 회사는 다음 커뮤니케이션이 아닌 분사를 한 조직입니다. 다음 커뮤니케이션은 미디어를 보는 회사이고 많을 다, 소리 음이라는 회사 이름에 걸맞게 앞으로도 여러 사람의 목소리를 harmonizing하기 위해 열심히 일할 겁니다.

저희 다음소프트는 처음에 사람의 말을 이해할 수 있는 기술을 가지고 만든 테크놀로지 회사였습니다. 어느 순간엔가 기술에는 목적이 선행되는 것이지, 기술이 목적이 아니라는 것을 깨닫고 인간을 이해하는 것을 목표이자 사명으로 생각하고 일하고 있습니다. 그래서 사람을 이해하는 일을 통해서 무엇인가를 더 나아지게 만드는 부분들에 최선을 다할 생각은 있습니다. 하지만 구글이 이런 것을 했기 때문에 우리도 해야 되지 않겠냐 하는 생각이나 우리가 하는 일이 구글과 어떻게 비교가 되는지에 대해서는 사실상 별로 관심이 없습니다. 왜냐하면 역할이 다르기 때문입니다. 자본의 크기도 다르고, 지식의 집중도 다릅니다. 경쟁을 하려들기보다는 어떻게 하면 역할을 나눠야 할지 고민하는 게 더 지혜롭지 않을까 생각합니다.

MC 목적 얘기가 나와서 말씀인데, 제가 얼마 전에 청각장애를 가진 작가분을 봤어요. 물론 제 입모양을 보고 알아들으시고 말씀을 하시긴 합니다만 대화를 할 때 매우 답답함을 느꼈습니다. 그런데 집에 돌아와서 카톡으로 이야기를 나누는데, 정말 시원하게 이야기가 되는 겁니다. 그때 아, 이건 이 작가분에게 새로운 세상이구나! 하는 생각을 하게 됐는데요. 과연 기술의 발달과 자율성을 어디까지 둬야 할까요? 사실 그런 장애를 가지고 계신 분들

욕망을 읽으면 기술이 보인다

에게는 아주 좋은 목적으로 사용될 수 있지만, 어린 학생들에게는 미디어중독과 같은 성장을 방해하는 요소가 될 수 있잖아요. 어디까지 규제해야 하는지, 아니면 아예 규제가 사라져야 하는지 궁금합니다.

정지훈 일단 개인적으로 규제는 말이 안 된다고 생각합니다. 규제라기보다는, 어느 정도 컨트롤 할 수 있느냐가 중요하겠죠. 내가 그 기술을 지배하고 이용하는 사람이냐, 아니면 그 기술 때문에 내가 지배를 당하고 있느냐가 제일 중요한 포인트에요. 지금 개발되고 있는 수많은 기술들은 미래에 우리 아이들에게 걷는 것과 같은 일상 능력이 될 겁니다. 근데 그것을 뺏는 것은 기본적으로 잘못된 발상이죠. 그보다는 오히려 예절을 가르쳐주듯이 기술의 본질을 이해하고 그것을 제대로 사용할 수 있는 능력을 키워주는 것이 중요합니다.

송길영 최근에 SBS에서 '부모 대 학부모'라는 다큐멘터리를 만들 때, 저희가 도와드린 적이 있었습니다. 몇 가지 이야기를 드린 것 중에 하나가 카톡이었어요. 저희가 데이터를 봤는데 너무 재미있었던 것이 부모는 카톡을 시간을 소모하는 오락으로 봅니다. 근데 아이들에게 카톡은 리얼 라이프에요. 아이들이 학교 수업이 끝나면 바로 학원에 가잖아요. 그래서 오프라인에서의 만남이 없어요. 그렇기 때문에 아이들에게

서 스마트폰을 빼앗으면 가출을 합니다. 우리가 생각하기에는 가상세계지만 아이들에게는 그게 진짜 세상인 겁니다. 다시 말해서, 수단이 중요한 것이 아닙니다. 중요한 것은 그 속에 들어있는 인간의 의도와 그 의도를 관리할 수 있는 자존감에 대한 여부입니다. 카톡이나 게임 때문에 아이들이 망가지는 것일까요? 그것은 결과이지 원인이 아니거든요. 따라서 우리가 봐야 될 것은 인간 자체를 봐야 하는 것이지 인간을 둘러싼 수단을 보는 것은 그다음이라는 것을 말씀드리고 싶네요.

MC 네, 좋은 강연과 토론 감사합니다. 부족한 이야기는 네트워킹 파티에서 이어가도록 하죠. 부사장님, 소장님, 감사합니다.

욕망을 읽으면 기술이 보인다

수단이 중요한 것이 아닙니다.
중요한 것은 그 속에 들어있는
인간의 의도와 그 의도를
관리할 수 있는 자존감에 대한
여부입니다.
인간 자체를 봐야 하는 것이지
인간을 둘러싼 수단을 보는 것은
그다음입니다.

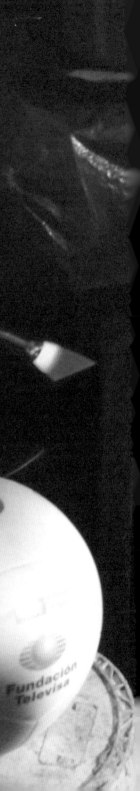

CHAPTER 6

Opening

인간의 목소리가 빚어내는 화음의 향연, 스노우 시티

한국형
히든 챔피언의
비결

창의융합
콘서트

앞으로 어떤 부분에서
다양한 기술이 시장과 조우를
하게 될지 모릅니다.
그때 필요한 것이
바로 시장 발견적 사고방식입니다.

휴맥스
성장과 혁신

이용훈

　저는 휴맥스의 설립 멤버 중 한 사람입니다. 처음에는 IT쪽 개발엔지니어 생활을 몇 년 했구요. 그다음 제품 기획을 하다가 97년도부터 유럽시장을 개척해 나갈 때 영국에 주재하면서 7~8년 정도 해외영업을 하기도 했습니다. 2005년부터는 국내에서 회사의 운영 수준을 높이는 혁신활동을 8~9년 정도 했습니다. 이렇게 회사의 성장에 따라 자의 반 타의 반으로 여러 가지 이력을 갖게 됐습니다. 그래서 무슨 각도로 어떤 말씀을 드려야 할지 고민이 됐는데요, 오늘은 휴맥스라는 회사의 성장 과정과 함께 성장의 요소와 혁신에 대한 이야기를 좀 드릴까 합니다.

겁 없는 유연한 사고가 뜻밖의 창조성을 만든다
　국내에는 회사 규모에 비해 덜 알려져 있기 때문에, 먼저 저희 회사를 소개해드려야 할 것 같습니다. 1989년 회사를 창업해서 97년에 코스닥에 상장을 했습니다. 당시 개발한 셋톱박스를 전 세계에 팔기 시작하면서 해외시장을 먼저 개척했습니다. 그래서 지금 현재 100여개 국가에 판매를 하고 있습니다. 매출은 1조 천억 정도 되는데요. 국내 매출은 3%정도 밖에 안 되고, 40%정도는 미국, 30%정도는 유럽, 나머지 30%정도는 중동과 아시아에서의 매출이 차지하고 있습니다. 따라서 10여개의 해외법인이 있고, 해외공장도 다수 있습니다.

창업 당시 멤버가 일곱 명이었었는데, 다 한 연구실 출신이었어요. 저희를 지도하셨던 교수님께서는 원래 수학적 이론 위주의 논문을 많이 쓰셨던 분이셨습니다. 그런데 80년대에 교환교수로 스탠퍼드대학에서 1년 정도 계시면서 대학과 사회 또 기업의 협동을 통한 시너지에 대해 큰 감명을 받고 오신 것 같아요. 그래서 논문만 쓸 것이 아니라 비즈니스와 연계될 수 있는 연구를 하겠다고 연구실 운영 방향을 바꾸셨고 그 성향에 맞는 학생들을 뽑으셨는데, 그게 바로 저희들이었습니다. 그래서 산업자동화나 발전소 모니터링과 같은 산업 기술 연구를 많이 했고, 그 기술을 가지고 그대로 창업을 하게 된 겁니다.

여기서 중요한 요소 중의 하나는 별다른 두려움이나 걱정 없이 회사를 시작했다는 것입니다. 모두가 젊었고, 실패를 해도 현실적으로 큰 문제가 되지 않았기 때문에 용감할 수 있었던 거죠. 한 3~4년 정도 해보다가 안 되면 취직하지 뭐, 이런 생각으로 시작했으니까요. 그런데 제가 생각하기에 이것이 저희가 시작할 수 있었던 중요한 요소라는 거죠. 지금은 꽉 짜인 성공의 사다리 구조에서 단선적인 커리어를 가야 하잖아요. 그것보다는 조금 여유 있는, 그래서 뭔가 시도할 수 있고 실패할 수 있는 순례기간이 있어야 새로운 것이 나올 수 있습니다.

　그 당시 저희의 고민이 어떤 방향으로 갈 것인가 하는 부분이었습니다. 벤처 가이드나 대부분 사람들의 조언이 기술만 믿고 시장에 나갔다가는 백발백중 실패한다는 것이었습니다. 그때 저희는 두 가지 요소를 생각했습니다. 하나는 우리가 본질적으로 가진 강점이 무엇인가 하는 것이었습니다. 저희가 가진 강점은 디지털 기술이었어요. 디지털 키즈 세대로 디지털 기술을 가졌다는 것이 당시에는 매우 독특한 강점이었죠. 두 번째는 우리를 둘러싸고 있는 환경의 강점이 무엇인가 하는 것이었습니다. 이것은 절대 무시할 수 없는 것이죠. 당시 한국은 양산, 가전에 대한 국제적인 경쟁력을 갖고 있었습니다. 그래서 이 두 가지 요소에서 찾은 강점의 교집합이 되는 '디지털 가전'이라는 비전을 세울 수 있었습니다. 당시가 1989~1990년이었는데, 당시 디지털가전이라는 것은 CD플레이어 하나 밖에 없었어요. 그래서 우리의 비전은 몇 년 후 실행될 것이다, 어떻게 실행될 것이라는 뚜렷한 청사진은 없었어요.

　그런데 기회는 우연히 찾아왔습니다.
　처음 5년 동안은 무작정 기술 개발에만 매달렸습니다. 주로 공장자동화 관련 용역 사업을 했고, 비디오 신호처리 등에 주력했습니다. 그러다가 PC용 영상처리 보드를 개발하게 되었습니다. 그것의 부수적인 기능이 화면에 자막을 띄우는 거였죠. 근데 의외로 자막에 대한 시장의 문의가 많이 오는 거예요. 때마침 캠코

　　　　　　　　　　한국형 히든 챔피언의 비결

원가 시도할 수 있고
실패할 수 있는
순례 기간이 있어야
새로운 것이 나올 수 있습니다.

더가 보급되면서 환갑잔치나 돌잔치를 할 때 동네 비디오 가게에서 동영상 촬영을 해주고 자막을 띄워주는 경우가 많았는데, 그때 장비가 3천만 원 정도 들었어요. 그래서 저희는 컴퓨터 보드에 꽂으면 오십만 원 정도에 자막을 띄울 수 있는 자막기를 장난스럽게 만들어봤습니다. 그런데 이게 팔리더라는 겁니다. 그리고 그것이 생각지도 못한 곳에 응용되었습니다.

하루는 출근을 하자마자 어떤 분들의 손에 이끌려 다짜고짜 부산으로 내려가게 됐어요. 부산 광안리에서 제가 본 것이 우리나라 1호 노래방이었어요. 500원짜리 동전을 넣으면 한 곡을 부를 수 있는데, 사람들이 노래를 부르려고 200m 정도씩 줄을 서는 상황이었죠. 그 후 저희가 만든 자막기를 노래방에 이용하게 되었고, 그것을 가지고 저희는 또 가정용을 만들었죠.

그러니까 세렌디피티serendipity같은 겁니다. 전혀 의도하지 않았지만 시장의 요구와 마주쳤을 때, 그저 우연한 마주침으로 흘려보내지 않고 시장을 발견하고 학습하는 태도로 대처를 했던 것이 뜻밖의 창조성을 만들어낸 겁니다.

앞으로는 시대가 하이테크로 가면서 어떤 부분이 시장의 니즈needs를 건드리게 될지 모릅니다. 거창하고 장기적인 계획을 세우고 시장조사를 하는 것이 안 맞을 수도 있다는 겁니다. 앞으로 다양한 기술이 어떤 부분에서 시장과 조우를 하게 될지 모릅니다. 그때 필요한 것이 바로 시장 발견적 사고방식입니다.

앞으로 다양한 기술이 어떤 부분에서 시장과 조우를
하게 될지 모릅니다.
그때 필요한 것이 바로 시장 발견적 사고방식입니다.

성장을 위한 지식의 이동성

그리고 저희가 글로벌 시장으로 진출하는 시기가 1997년부터였는데요. 당시에는 해외진출에 대한 아무 지식이 없었습니다. 해외 거래선이나 무역관행이 어떻게 됐는지, 주문을 어떻게 받아야 하는 건지, 외상을 받아도 되는 건지 아무 것도 몰랐죠. 그때 지식의 이동성mobility이 얼마나 중요한지를 절감했습니다. 미국 같은 경우는 비즈니스 모델이나 기술이 좋으면 나머지 오퍼레이션에 대해서는 많은 지식과 경험이 있는 인원이 합체 로봇처럼 착착 붙잖아요.

그리고 회사의 성장기에 저희가 취했던 전략은 low-end 시장 공략이었어요. 위성방송이나 셋톱박스가 사실 그 전에는 아날로그였습니다. 아날로그 방송을 하다가 디지털 기술이 들어오면서 전송비용이 절감되기 때문에 한순간에 디지털로 바뀌었는데요. 당시 디지털 셋톱박스를 주로 만들던 회사가 노키아, 톰슨, 필립스와 같은 대기업들이었어요. 왜냐하면 디지털 기술이라는 게 당시에는 그렇게 쉽지 않았거든요. 그런데 이 회사들은 주로 high-end 부분만 거래를 합니다. 한 번 주문을 받으면 최소한 수십만 대 정도는 판매할 수 있는 방송사 같은 곳과 거래를 하는 거죠. 왜냐하면 그만큼 개발인원도 많이 투입되었고, 그렇게 대량 주문들만 처리하기에도 바쁘거든요. 하지만 저희는 열 대, 스무 대부터 팔기 시작했고 그것이 백 대, 천 대가 되었어요. 대기업들이 접근하지 않던 리테일 마켓들을 통해 직접 소비자들이 구매하는 쪽을 파고 들어갔습니다. 리테일 시장은 당시 셋톱박스 시장의 10% 정도밖에 되지 않았습니다. 하지만 우리가 거래했던 지식은 결국 사람을 통해서 옮겨 다닙니다. 때문에 필요한 때에 필요한 지식을 가진 사람들이 서로 잘 합체할 수 있도록 이동성이 높아져야 한다고 생각합니다.

리테일 마켓이나 중소 방송사가 그 상태로 계속 머무르는 것이 아니죠. 그들도 점점 성장합니다. 예를 들어 검색기 같은 경우도 과거에는 대학원생들의 논문검색용이었지만 그것이 일반인까지 확대되었거든요. 그러니까 상상력이 필요합니다. 미래를 내다보면서 성장할 요소가 있는 사업을 분별하는, 다이내믹한 관점을 갖는 것이 중요합니다.

그 후 회사가 점점 성장하면서 매출이 2,3천억까지 올라갈 때였습니다. 그런데 이상한 것이 직원 숫자가 150을 넘어가면서 성장통이 옵니다. 영국의 던바라는 사회학자도 어떤 사람이 사회적 인지를 하고 사회적인 관계를 유지할 수 있는 것의 한계가 150명이라는 연구결과를 발표한 것이 있는데요. 기업도 마찬가지입니다. 150명 전까지는 다소 비정형적 구조로도 돌아가는데, 150명이 넘어가는 순간 기업의 문화를 완전히 바꿔줘야 합니다. 그렇지 않으면 쭉 올려 쌓은 두부처럼 찌그러지고 맙니다. 저희도 3,4년 정도 매년 수백억씩 날리면서 괴로운 기간을 겪어야 했습니다. 기업의 규모가 커지면서 글로벌 시장에서 큰 고객들과 상대할 때는 굉장히 높은 운영 수준을 요구하기 때문에 그 부분을 따라가기 위해 엄청난 시행착오를 거쳐야만 했죠. 다행히 시장 자체가 커지는 시기였기 때문에 몇 년간 비용손실을 겪으면서도 살아남을 수 있었습니다.

그런데 성숙 시장에서 조직이 준비가 안 되어 있는 상태라면 매우 어려운 상황으로 갈수 있습니다. 기업 운영 수준을 높이기 위해서는 단단한 기업문화가 필요합니다. 예를 들어볼까요?

제가 얼마 전 방문했던 은행에서 문자를 받았는데요. 고객 만족도에 대한 설문조사 연락이 올 경우, 매우 만족으로 답해달라는 것입니다. 그렇게 해준다면 사은품을 주겠다는 겁니다. 아마 해당 은행에서는 비용을 들여서 설문조사 업체에게 만족도 조사를 의뢰할 텐데, 이런 식으로 설문조사가 이루어진다면 비용낭비로 조사를 할 필요가 없는 거죠.

러시아에는 이런 일도 있다고 합니다. 소비자들이 콜센터에 전화를 걸면 상담원이 받자마자 바로 끊어버리는 겁니다. 그러면 소비자는 황당해하면서 다시 걸죠. 그럼 또 확 끊어버립니다. 세 번째 전화를 걸면 정상적으로 전화를 받아준다고 합니다. 러시아에서는 한 사람당 한 시간에 처리한 통화 수로 성과를 측정한다는 거예요. 그러니까 통화 수를 올리기 위해 상담도 하지 않고 끊어버리는 겁니다.

흔히 운영혁신을 할 때 컨설턴트들이 KPIKey performance index라는 수치를 가지고 직원들에게 압력을 주면 된다고 말합니다. 그런데 그런 방법으로는 효과가 없어요. 앞서 말씀드린 몇 가지 사례에서 볼 수 있듯이, 직원들은 숫자 몇 개를 조작해서 압력을 피해가거든요. 때문에 조직의 목표가 무엇이고 그것이 왜 필요한지 합리적으로 이해되면서 공유되는 단단한 문화를 만드는 것이 매우 중요합니다.

오늘 부족하지만 휴맥스의 성장 과정과 그 가운데 혁신의 요소들을 가지고 몇 가지를 말씀드렸습니다. 몇 가지 정리를 해보자면, 먼저 실패란 무조건적 회피의 대상이 아니고 잘 관리하면

상상력이 필요합니다.
미래를 내다보면서 성장할
요소가 있는 사업을 분별하는,
다이내믹한 관점을
갖는 것이 중요합니다.

혁신의 원천이 된다는 사회 전반적인 인식이 필요합니다. 그리고 지식은 결국 사람을 통해서 옮겨 다닙니다. 때문에 필요한 때에 필요한 지식을 가진 사람들이 서로 잘 합체할 수 있도록 이동성이 높아져야 한다고 생각합니다. 감사합니다.

이용훈
휴맥스홀딩스 CSO(최고전략책임자)
저서 〈강소기업, 성장통을 넘다〉

조직의 목표가 무엇이고

그것이 왜 필요한지 합리적으로 이해되면서

공유되는 단단한 문화를 만드는 것이

매우 중요합니다.

이제 우리가 사는 시대는
일방적인 정보를
전달하는 것을 넘어서
플랫폼을 만드는 것이
화두가 되었습니다.

From Mind Share
to Life Share

김홍탁

안녕하세요, 김홍탁입니다. 저는 제일기획의 Executive Creative Director라는 직책을 맡고 있고, Creative Innovation Group이라는 곳을 이끌고 있습니다. 오늘 제가 드릴 말씀은 기술과 창의가 합쳐졌을 때 어떻게 이노베이션innovation이 일어나는지, 특히 이노베이션이라는 것이 사회적 가치를 만들어내는 데 어떻게 쓰이고 있는지에 대한 것입니다.

미디어가 만드는 이노베이션

이노베이션은 단순한 변화가 아니라 혁명과 같은 변화를 말합니다. 여러분, 페이스북이나 트위터와 같은 소셜미디어를 많이 사용하시죠? 요즘은 스마트폰을 이용해서 내가 지지하는 의견에 '좋아요'를 누르고, 함께 나누고 싶은 페이지는 다른 사람들이 볼 수 있도록 '공유'를 하는 등 적극적인 의사표현을 합니다. 4,5년 전만 해도 찾아볼 수 없었던 모습이에요.

한국형 허든 챔피언의 비결

4,5년 전만 해도 우리는 좋은 것이 있으면 배타적으로 혼자 가지려고 했습니다. 그래야만 내 것이 된다고 생각했는데, 어느 순간부터는 다른 사람들과 나누기 시작한 겁니다. 이처럼 미디어가 우리의 커뮤니케이션 생태계를 바꾸어가고 있습니다. 저는 이것이 소셜미디어의 순기능이며, 결국 지속가능한 사회를 위해 큰 도움을 줄 것이라고 생각합니다.

캔저스주립대학에서 문화인류학을 가르치는 마크 웨시Mark Wesch 교수는 이것을 MTV 세대와 YouTube 세대로 나눠서 재미있게 이야기했어요. MTV 세대는 세상사에는 무관심하고 거울을 보며 나만 잘났어하고 뽐내는 것이 특징이라면, YouTube 세대는

진정성을 기반으로 해서 나누고 공유하려고 합니다. 이런 변화를 만들어낸 것이 바로 YouTube로 대표되는 소셜미디어죠. 마크 웨시 교수는 YouTube 세대의 탄생을 상징하는 것으로 '프리허그 Free-hug 캠페인'을 말합니다.

프리허그는 후안 만이라는 호주사람이 2004년에 처음 시작했던 1인 퍼포먼스였습니다. 그런데 2006년에 프리허그 캠페인을 테마로 하는 뮤직비디오가 만들어져 YouTube를 통해 전 세계에 공유되면서 프리허그 캠페인이 전 세계로 확산되기에 이릅니다. 그 뮤직비디오의 일부를 한번 보시죠.

ⓒyoutube-Free Hugs Campaign
- Official Page
(music by Sick Puppies.net)

Google Creative Lab은 구글의 모든 제품군의 마케팅 커뮤니케이션을 책임지는 부서입니다. 구글의 놀라운 테크놀로지가 어떻게 세상을 따뜻하게 감싸줄 수 있는지 세상에 보여주는 일을 하는 곳이죠. 이곳에는 디지털 기술과 창의력, 이 두 가지를 모두 가진 전 세계의 천재들이 다 모여 있습니다. 그곳의 디렉터인 로버트 왕Robert Wong이 사원을 뽑을 때 이런 이야기를 했습니다.

만약 당신이 칸 라이언즈(광고계에서 가장 영예로운 상)에서 상을 받기 위해 지원했다면 그것은 오산이다. 우리의 목적은 노벨 평화상이다.

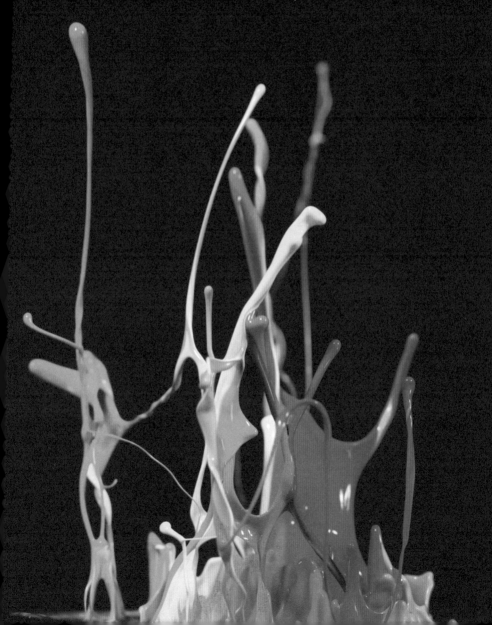

그러니까 이제 디지털기술이라는 것은
단순히 기술에 관련된
이야기가 아니라는 것입니다.

그냥 단순한 레토릭rhetoric일수도 있지만, 이 말을 통해서 인류를 생각하지 않은 그저 기술뿐인 기술은 아무런 의미가 없다는 그들의 강력한 의지를 엿볼 수 있습니다. 로버트 왕은 구글 크리에이티브 랩에서는 일반적인 광고를 만드는 것이 아니라 우리의 삶에 영향을 끼칠 수 있는 테크놀로지에 대한 이야기를 만드는 것에 집중한다고 강조합니다. 기술을 창의적으로 표현하기 위해 그들은 융합을 지향하죠. 음과 양, 좌뇌와 우뇌, 그리고 디지털과 아날로그를 결합해 사람과 사람을 더욱 깊게 연결하고 세상을 풍요롭게 하자는 것이 그들의 목표입니다. 그러니까 이제 디지털기술이라는 것은 단순히 기술에 관련된 이야기가 아니라는 것입니다.

디지털 기술, 사회 가치와 만나다

지금 보시는 것은 제일기획에서 제작했던 미네워터 캠페인입니다. 기존에 있던 생수병을 완전히 새롭게 디자인해서 물방울형태의 바코드를 하나 더 만들었습니다. 그 안에 아프리카 어린이의 그림을 넣었습니다. 우리가 식수부족으로 어려움을 겪는 아프리카 어린이들의 이야기는 많이 알고 있지만, 막상 그들을 도우려고 하면 어떻게 해야 할지 몰라 막막해지잖아요. 그것에 착안해 생수를 사 마

©youtube-Donating 2-Barcode
Water, Minewater Barcodrop
Campaign Film

© Google image

실 때마다 위에 물방울 바코드를 한 번 더 스캔하기만 하면 100원을 아프리카 어린이에게 기부할 수 있도록 만들어보았습니다. 인간과 사회를 위한 아이디어와 간단한 디지털 기술이 접목해 새로운 기부문화를 만들어낼 수 있었죠. 뿐만 아니라 브랜드 인지도와 판매량까지 상당히 높일 수 있었던 프로젝트였습니다.

또 다른 예를 하나 보여드리겠습니다. 하버드대학의 두 여학생의 아이디어로 만들어진 소켓soccket이라는 축구공입니다. 어느날 이 여학생들이 아프리카 어린이들이 밤에 전기가 들어오지 않아 공부를 하고 싶어도 못하고 있다는 사실을 알게 됩니다. 그리고 가만 보니, 아프리카 아이들이 재미있게 가지고 노는 것이 축구공인 거예요. 사실 아프리카에서는 아이들이 갖고 놀만한 것이 축구공밖에 없거든요. 그래서 축구공을 찰 때 발생하는 운동에너지를 전기에너지로 바꾸는 아이디어를 냈고, 그 결과 앞에서 본 사진과 같은 축구공이 만들어집니다.

발포수지 플라스틱의 일종인 EVA 소재를 사용해 가볍고 내구성이 좋으며 방수까지 되는 소켓은 30분 정도 열심히 공놀이를 하고 나면 3시간 정도 LED램프를 밝힐만한 전력을 생산할 수 있다고 합니다. 기술이 어떻게 하면 사회적 가치를 창출할 수 있는지를 보여주는 좋은 사례이겠지요.

이번에는 디지털기술이 범죄수사에도 활용되는 사례를 소개해드리겠습니다.

스위타란 이름을 가진 이 사진의 여자아이는 인간의 대지Terre

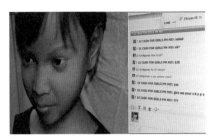
© Google image

des Hommes라는 네덜란드 인권단체가 개발도상국가 어린이들에 대한 성착취 실체를 고발하기 위해 만들어낸 가상인물입니다. 전 세계의 소아성집착범들이 10대 여자아이들과 온라인 웹캠을 통해서 성적인 거래를 하는데, 그 방법이 너무 교묘해서 증거를 잡아낼 수가 없는 겁니다. 그래서 스위티라는 가상의 인물을 만들어내서 결정적인 증거를 잡기 시작했는데, 불과 10주 만에 1,000명이 넘는 소아성집착범들을 검거하는 성과를 거두었습니다. 이처럼 범죄수사에서도 이런 디지털기술이 매우 유용하게 활용되고 있습니다.

뉴질랜드에서는 이런 어플리케이션도 만들어졌습니다. 뉴질랜드 사람들이 소비만 하고 저축을 안 하는 것이 사회적으로 큰 문제가 되었는데, 아무리 사회 운동을 하고 표어를 내걸어도 효과가 없는 겁니다. 그래서 만들게 된 것이 이 어플리케이션입니다. 매우 단순한 어플리케이션이에요. 그런데 그것을 작동하는 데에는 컨셉이 있습니다. 우리가 충동구매라는 말은 많이 쓰지만 충동저축이란 말은 안 쓰죠. 이 어플리케이션은 충동저축이라는 새로운 컨셉을 사회에 퍼뜨린 겁니다. 그러니까 하나의 컨셉을 가지고 사람들의 사고방식을 바꿨던 거죠. 이 어플리케이션의 사용법은 이렇습니다. 물건을 사고 싶은 충동이 들 때, 흔히 지름신이 온

한국형 히든 챔피언의 비결

다고 하죠. 그럴 때 모바일 어플리케이션을 구동해서 버튼을 누르는 겁니다. 그러면 미리 설정해 놓았던 금액만큼이 저축 계좌로 넘어가는 거예요. 사람들의 사고방식을 전환시켜서 행동의 변화를 이뤄냈던 대단히 성공적인 프로젝트였습니다.

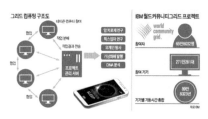

© Google image

이것은 삼성, 오스트리아 제일기획, 한국 제일기획이 함께 진행한 프로젝트입니다. 파워슬립이라는 건데, 아주 쉽습니다. 안드로이드 기반 어플리케이션이기 때문에 안드로이드 기기를 가지고 계신 분들은 지금 다운을 받아서 바로 이용하실 수 있습니다. 여러분 보통 주무시기 전에 알람을 설정해놓고, 와이파이를 켜둔 채로 전원을 연결시켜 놓으시죠? 그런데 이 어플리케이션을 깔아놓으면 여러분이 자는 동안에 여러분의 CPU의 메모리에서 일정량의 메모리가 빠져나갑니다. 전 세계에서 그렇게 빠져나온 메모리들을 하나로 모아서 버추얼 슈퍼컴퓨터를 형성하는 거죠. 이것은 짧은 시간에 많은 calculation을 해야 하는 오스트리아 비엔나 대학의 알츠하이머와 암 연구에 사용됩니다. 절대 개인의 정보는 침범하지 않는 구조로 되어 있습니다. 아침에 일어나서 해제를 하면 다시 환원이 되기 때문에 실생활에도 아무런 문제가 없죠.

국민아동돕기연합UHIC이라는 국내 NGO 단체가 있습니다. 거기서 키즈키퍼 프로젝트를 하는데 이것 역시 어플리케이션을 활용한 프로젝트입니다. 우리가 아프리카 NGO 단체를 통해 아프리카 아이들을 돕긴 하는데 좀 주먹구구식이더라는 거예요. 아프면 주사 놓아주고 배고프면 빵 주고 하는데, 그것의 가장 큰 문제가 인구통계학적기본 데이터 없이 이뤄지고 있다는 겁니다. 그 마을에 몇 명이 살고, 그 가구에 몇 명이 살고, 어느 집의 아들이 어디가 아프고, 몇 살이고, 어떤 치료를 받고 몇 번의 백신을 맞았는지 등등의 데이터베이스화가 이뤄져야 체계적으로 그들을 도울 수가 있겠죠. 그래서 아이들의 정보를 데이터베이스화할 수 있는 어플리케이션을 개발해서 모든 정보를 기록하는 겁니다. 실제 거기 살고 있는 주민 19~30세에 해당하는 청년들을 활용해서 일일이 다 기록을 합니다.

이렇게 어플리케이션을 통해 난민을 돕는 프로젝트가 최근에는 많이 진행되고 있는데요. 지난 2,3월에 걸쳐서 진행했던 UN

난민기구의 프로젝트도가 있습니다. 한국에도 수많은 난민들이 살고 있는데, 우리는 그 사실을 전혀 모르고 있죠. 그 난민에 대한 인식을 높이기 위한 프로젝트가 '보이지 않는 사람들'이었습니다. 우리가 관심이 없어서 보지 못했던 난민들을 3D프린팅으로 스캔을 해서 피규어를 제작해 시립미술관 이곳저곳에 숨겨놓았습니다. 지금까지는 관심이 없어서 못 봤으니, 한 번 관심을 갖고 찾아보라는 의도였죠. 그리고 모형을 찾았을 때, 스캔을 하면 실제인물이 등장하는 동영상클립 화면이 나옵니다. 그 영상을 보고 응원 메시지를 남기면 그 메시지가 UN난민기구 페이스북 팬 페이지에 업로드가 되는 겁니다. 그러니까 3D프린팅 기술과 대형 전시장을 이용한 프로젝트였죠.

1.25 미라클 마켓은 지금도 진행되고 있는 것으로 여러분도 당장 참여하실 수 있습니다. UN이 정한 극빈곤층의 기준이 US1.25달러 이하로 하루를 사는 사람입니다. 이런 빈곤문제를 해결하기 위해서 우리나라에서 가장 큰 온라인마켓인 G마켓에 1.25 미라클 마켓을 열어 물건을 사고팔게 해놓았습니다. 여기서 중요한 것은 모든 일반인이 자신의 상품을 올릴 수 있다는 겁니다. 그런데 그 상품은 디지털이어야 합니다. 그러니까 여행지에서 찍은 사진이나 직접 그린 그림, 나만의 비밀 레시피, 여행스케줄 등을 판매하는 겁니다. 지드래곤 같은 경우는 목소리를 기부해서 다운 받는 사람들이 컬러링으로 사용할 수 있게 했습니다. 그런데 그 모든 상품들이 1250원, 즉 1.25달러에 팔립니다. 그렇게 모인 돈은 기아대책을 통해 말라위에 있는 극도의 빈곤층에게 전달

한국형 히든 챔피언의 비결

됩니다.

저는 부적을 만들어서 올렸는데요. 이걸 만들게 된 계기가 광고 쪽 일을 하고자 하는 학생들이 제게 많이 찾아와요. 그런데 많은 사람이 저와의 대화 후에 '기를 좀 넣어주세요'라고 말하더라구요. 어떤 사람은 '한 번만 허그를 해주세요.'라고 말하기도 하고, 어떤 사람은 '응원 메시지 좀 써주세요'라고 말하기도 합니다. 그래서 재미있게 부적을 만들어서 힘이 되는 말들을 써봤습니다. 어쨌든 이런 물건을 살 때마다 말라위의 극빈곤층을 도울 수 있습니다.

마지막으로 소개해드리고 싶은 것은 빌 게이츠와 칸 광고제의 CEO 필립 토머스가 진행하고 있는 '칸 키메라'라는 프로젝트입니다. 이것은 아프리카와 같은 저개발국가의 환경발전과 가난을 없애기 위한 아이디어 공모전으로, 전 세계인을 대상으로 아이디어를 받는 겁니다. 여러분도 하실 수 있습니다. 우선 모집한

아이디어 중 열 개를 선발해서 우리 돈으로 1억 천만 원 가량의 상금을 줍니다. 이후 채택된 열 개의 아이디어 주인공들이 빌게이츠 재단이 있는 시애틀에 모여 각자 자신의 아이디어를 설명하는 프레젠테이션을 합니다. 그리고 최종 선발된 아이디어 제공자에게는 추가로 11

억을 주고, 그 아이디어를 실행하는 겁니다. 그러니까 아이디어만 있으면 이제는 빌 게이츠의 펀딩을 받을 수 있다는 얘기죠.

그럼 그 아이디어를 누가 심사하느냐. 제가 운 좋게 1회에 초대를 받아서 갔습니다. 심사위원 14명이 심사를 하는데, 저에게도 많은 자극이 되었습니다. 10개의 아이디어를 낸 사람들이 모두다 전문가들이거든요. 기자도 있고 교수도 있고 앱 개발자도 있습니다. 그런 뛰어난 사람들이 전 세계의 환경발전과 가난을 없애기 위해 한 자리에 모인 겁니다. 현재도 공모전이 진행 중입니다. A4용지 두 장에 아이디어와 그것을 어떻게 실행할 것인지만 쓰면 됩니다.

빌 게이츠 재단 홈페이지에 가면 이렇게 쓰여 있습니다. 'Use your Creativity to help.' 창의성이 비즈니스를 만들고 사회의 인식을 높일 수 있고, 이런 소중한 가치를 만들어낼 수도 있는 시대가 되었습니다.

광고계에서 광고 효과를 측정할 때, ROI라는 말을 많이 썼습니다. Return On Investment의 줄임말로, 투자 대비 얼마큼 돌려받았느냐를 따져보자는 의미입니다. 물론 돌려받는 것이 브랜드 인지도나 충성도도 있겠지만 가장 많은 영향을 끼치는 것이 판매죠. 광고를 해서 얼마나 많은 판매를 했느냐가 지금까지의 잣대였습니다. 저는 ROI대신 VOI라는 말을 사용합니다. 제가 만든 용어이기 때문에 학술적으로 따지시면 안 되구요. 투자대비 얼마나 많은 가치를 만들어냈느냐는 것이 저의 관점입니다. 그래서 사람들이 우리 브랜드를 경험만 하는 것이 아니라 함께 어

한국형 허든 챔피언의 비결

떤 문제에 대한 해답을 찾게끔 만드는 것, 그것을 통해서 함께 공유할 가치를 만든다는 것입니다. 이제 우리가 사는 시대는 일방적인 정보를 전달하는 것을 넘어서 플랫폼을 만드는 것이 화두가 되었습니다. 그리고 플랫폼을 만드는 이유는 공유할만한 공동의 가치를 만들어내기 위한 것입니다. 고맙습니다.

김홍탁 제일기획 Executive Creative Director (마스터)
칸 라이언즈Cannes Lion Festival 수상
2012년 캠페인 아시아퍼시픽 '올해의 크리에이터' 선정
2012년 칸 키메라 심사위원
저서 〈광고, 대중문화의 제1원소〉, 〈광고, 리비도를 만나다〉 등

이제 우리가 사는 시대는 일방적인 정보를 전달하는 것을 넘어서

플랫폼을 만드는 것이 화두가 되었습니다.

그리고 플랫폼을 만드는 이유는

공유할만한 공동의 가치를 만들어내기 위한 것입니다.

Talk show

창의가
실현되기까지

MC 오늘 한국형 히든챔피언이라는 주제로 두 분의 강연을 들었습니다. 객석의 질문을 한 번 받아보겠습니다.

질문자1 김홍탁 마스터께 여쭤보고 싶은 것은, 빌 게이츠 재단에서 창의성 프로젝트 키메라에 심사위원으로 가셨다고 하셨는데요. 어떤 아이템들이 선정되었고 선정기준은 무엇이었는지, 그리고 그렇게 선정된 아이디어 중에 지금 현재 실행되고 있는 사업이 있는지 궁금합니다.

김홍탁 우선 단순히 기부를 하거나 교육훈련을 시켜주거나 정치적인 목적에 의한 아이디어는 받지 않습니다. 사람들에게 동기를 부여하고, 공유가치를 만들어 내어 가능한 한 쉽고 지속적이며 빨리 확산될 수 있는 아이디어를 뽑습니다.

그때 나왔던 아이디어 중 하나가, 보스턴대학이 케냐에 있는 대학과 자매결연을 맺었어요. 그런데 우리가 기부는 하지만 진정 그곳이 어떤 상태에 있다는 것은 잘 모르잖아요. 그래서 케냐에 있는 대학과 보스턴대학의 학생들이 힘을 합쳐서 케냐의 이야기, 자신들의 이야기를 블로그에 올리고 영상을 만들어 유튜브에 올리게 하는 겁니다. 그러니까 스토리텔링할 수 있는 기술을 서로 공유하고 가르쳐주는 거예요. 그래서 궁극적으로는 제3자가 묘사한 그들의 스토리를 보게 하는 것이 아니라 그 나라에 있는 학생들이 자신들의 실체를 제대로 보여주는 것이죠.

또 우리가 기부를 하면서도 내가 기부한 돈이 어떻게 사용되는지 자세히 알 수가 없잖아요. 그래서 그런 것을 피드백 받을 수 있는 어플리케이션을 개발하는 아이디어도 있었습니다. 그러니까 정말 실천 가능한, 실질적인 아이디어를 요구하는 거죠.

MC 네, 뜬 구름 잡는 아이디어가 아니라 실현 가능한 아이디어를 찾는군요. 다음 질문 받아보겠습니다.

질문자2 10년 전인가요. 그때는 제가 문화에 기술을 입히자고 해서 문화기술육성계획을 만들어 문화에도 R&D를 도입하는 등의 지원을 시작했어요. 그런데 10년이 지나니까 기술에 인문의 옷을 입히자는 반대현상이 붐처럼 일고 있거든요. 근데 솔직히 말씀

사람들에게 동기부여 시키고
공유가치를 만들어 내어 가능한한 쉽고
지속적이며 빨리 확산될 수 있는
아이디어를 뽑습니다.
정말 실천 가능한,
실질적인 아이디어를 요구하는 거죠.

드러서 기업은 지속성장이라던가 이윤창출에 가장 큰 관심을 두고 있는데, 이렇게 기술과 인문을 융합해서 기술이 추구하는 본질적인 성장이나 이윤을 얻을 수 있을지 의견을 듣고 싶습니다.

이용훈 제 생각에는 매우 간단한 문제입니다. 이 세상은 원래 하나였습니다. 고대에 기술과 인문을 누가 구분했습니까? 그런데 우리의 인지능력에 한계가 있다 보니, 분야가 나뉜 것뿐입니다. 그래서 다시 합쳐지는 것을 추구하는 것은 당연한 것이라고 생각합니다.

두 번째, 기업의 이윤창출과 기술의 성장. 가장 대표적인 예가 스티브 잡스죠. 스마트폰을 처음 생각해 낸 것이 애플이라고 생각하시지만 사실 가장 처음 시도했던 것은 노키아였습니다. 그런데 그 물건이 사람의 마음을 파고들어 자극할 만큼의 수준이 되지 않았습니다. 기술적으로만 훌륭했던 것이죠. 그래서 노키아에서 통신사에 이것을 팔려고 했을 때 통신사들이 거부했습니다. 너무 복잡해, 지금은 필요 없어, 라면서 말이죠. 그런데 나중에 스티브 잡스가 미국 2위의 통신사와 계약할 때 데이터 무제한이라는 굴욕적인 계약에도 바로 계약을 체결했다고 해요. 당시 잡스는 아이폰의 사진조차 들고 가지 않았어요. 잡스라면 분명 사람들의 욕망을 자극하는 멋진 제품을 만들 것이라는 신뢰가 있었죠. 잡스의 이러한 저력은 사람에 대한 연구에서부터 비롯된 것이죠. 정말 사람들이 필요한 것이 뭔지, 그 가치$_{value}$를 줘야 되요. 그러면 이윤은 저절로 따라오는 거죠.

정말 사람들이 필요한 것이 뭔지, 그 가치value 를 줘야 되요.
그러면 이윤은 저절로 따라오는 거죠.

MC 제가 하나 여쭙겠습니다. 인문학과 기술을 융합해서 창의성을 발휘하려면 실질적으로 기업에서는 어떤 노력이 필요하다고 생각하시나요?

김홍탁 부지런히 발품 파는 것밖에 없어요, 사실. 그래서 제가 계속 기술자들과 만나는 겁니다. 요즘 제가 삼은 저와의 약속은 하루에 전 세계에 일어나고 있는 디지털 쪽의 중요한 이슈들을 그날 다 소화한다는 것입니다. 그러려면 여러 루트를 통해서 정보를 받아야 하는데, 정말 부지런해지는 방법밖에는 없더라구요.

가령 이마트에는 구입한 물건을 배달해주는 트럭이 있습니다. 그 트럭 형태의 풍선을 만들고 주변 지역에 와이파이를 쏴주는 것을 상상해봤습니다. 그러면 그 와이파이를 사용해서 사람들이 인터넷접속을 하면 이마트 홈페이지가 뜨고, 거기서 할인 쿠폰을 다운받아서 물건을 살 수 있도록 해주는 겁니다. 당시는 풍선이 와이파이를 쏴주는 기술은 없었고, 와이파이란 기술만 있었거든요. 그래서 기술자를 찾아서 기술에 대한 도움을 구한 뒤 아이디어를 실현할 수 있었습니다.

똑같은 이마트에서 시행한 아이디어인데, sale navigation이라고 해서 카트에 달린 센서 옆에 고객이 자신의 스마트폰을 장착하면 세일 품목이 있는 곳을 약도로 보여주는 겁니다. 이것은 기술이 먼저 있고, 그 기술을 어떻게 활용할 수 있을지 고민한 끝에 나온 아이디어입니다. 그러니까 기술이 먼저일수도 있고 아이디어가 먼저일수
도 있죠. 부지런하기만 하면 어떻게든 만
들 수 있다는 이야깁니다.

이용훈 제가 볼 때는 이런 부분도 있
는 것 같아요. 지금까지 우리는 추종적인
전략을 썼잖아요. 우리보다 앞선 나라에서
새로운 것이 나오면 그걸 가지고 더 빠르게 더 싸게 만들어서 여기
까지 온 거죠. 이제 그 수준을 넘어서 결국 인간이 원하는 것이 뭔
가 하는 가치를 고민하는 단계까지 온 것 같아요. 어떤 것이 그런
가치를 건드릴지 모르기 때문에 일단 시도하려는 자세가 중요하
고, 그것을 부담 없이 시도할 수 있는 체계가 갖추어져야 할 것 같
아요.

MC 네, 좀 폭넓게 아이디어를 흡수하자는 말씀이신 것 같습
니다. 오늘 강연과 토크에 참여해주신 두 분, 정말 감사드립니다.

이 책은 연사들의 재능기부와 한국산업기술진흥원
기술인문융합창작소의 도움으로 만들어졌습니다.

이 책 출간에 도움 주신 '창의융합 콘서트' 관계자 여러분

한국산업기술진흥원
정재훈 원장, 석영철 기술기반본부장, 김류선 산학협력단장

기술인문융합창작소
윤성필 부소장, 이희준 실장

한 우물에서 한눈팔기

초판 인쇄 2014년 8월 19일
초판 발행 2014년 8월 27일

저 자 강신주, 김진혁, 윤경로, 여운승, 밥장, 강유정, 박태현, 주영하, 한재권,
송길영, 정지훈, 이용훈, 김홍탁

펴낸이 권기대
펴낸곳 도서출판 베가북스
기 획 정재훈 한국산업기술진흥원 원장

책임편집 이민애
디자인 김은희
마케팅 배혜진 추미경 송문주

출판등록 제313-2004-000221호

주소 (158-859) 서울시 양천구 중앙로 48길 63 다모아 202호
주문 및 문의전화 02)322-7241 **팩스** 02)322-7242

ISBN 978-89-92309-88-2

* 이 책의 판권은 지은이와 한국산업기술진흥원, 베가북스에 있습니다.
이 책 내용의 전부 혹은 일부를 재사용하려면 반드시 세 곳 모두의
서면 동의를 받아야 합니다.

* 좋은 책을 만드는 것은 바로 독자 여러분입니다.
책에 대한 아이디어나 원고가 있으신 분은 vega7241@naver.com으로
간단한 개요와 취지, 연락처 등을 보내주세요.

홈페이지 www.vegabooks.co.kr
블로그 http://blog.naver.com/vegabooks.do
트위터 @VegaBooksCo **이메일** vegabooks@naver.com